Oui !

Dépôt légal : septembre 2024
Nº d'édition : 564661
ISBN : 9782080420367

Oui !

Mes secrets pour réaliser le mariage de vos rêves

Texte et dessins
Delphine Manivet
avec la complicité d'Anne Akrich

Flammarion

Pour ma fille, Brune, à qui je veux transmettre
la magie de mon métier, le sens de l'amour,
de la célébration et du sacré, ce parfum d'éternité
qui rend la vie plus belle et plus joyeuse.

À mon fils, Adam, pour qu'il connaisse
les bienfaits de l'amour et qu'il devienne,
à défaut d'un prince charmant, un homme bien.

Sommaire

AVANT-PROPOS 9

I. 19
LA DEMANDE EN MARIAGE
Après la demande en mariage 21
La bague 24

II. 29
IMAGINER SON MARIAGE IDÉAL
Trouver l'inspiration 31
Le thème 32
Imaginer la cérémonie 37
Choisir le lieu de réception 40
Les invités, la fameuse « liste » 45
Les témoins et les bridesmaids 48
Le budget et le temps 56
Commencer à célébrer 60
Riley Keough Presley 63

III. 65
LA BEAUTÉ
La robe 66
Les accessoires 86
Les chaussures 89
Les bijoux 93
Le voile 94
La lingerie 100
Le bouquet 101
La coiffure 104
Le maquillage 109
Préparer son corps 116
Lily Allen 131

IV. 135
L'ORGANISATION DU JOUR J
La mariée organisée : planifier le jour J 137
Les invitations et les remerciements 140
Les cadeaux pour les invités 142
La liste de mariage 144
Réserver le lieu 145
La décoration 147
Les photographies 153
Le petit nécessaire du jour J 157
Organiser la cérémonie 160
Les repas 163
L'animation 166
Lady Gaga 171

V. 173
L'APRÈS
Le voyage de noces 175
Le reste de votre vie 177

CONCLUSION 187
Planning général 189

JE M'APPELLE DELPHINE MANIVET et je suis créatrice de robes de mariée.

Depuis plus de seize ans, j'ai dessiné des milliers de robes, assisté à des centaines de cérémonies et recueilli dans mes 372 carnets des propos de femmes, leurs conseils de beauté, leurs recettes de bien-être, leurs histoires d'amour, les doutes et les difficultés qui y sont attachés.

J'ai aussi reçu neuf demandes en mariage. Cela fait de moi une spécialiste *de facto*, non ?

Trêve de mégalomanie, je vais vous dire d'où me vient cette fascination.

J'ai 8 ans. Ma mère travaille dans le social à Nice et m'emmène tous les week-ends arpenter les braderies dans lesquelles elle œuvre. Ce jour-là, je tombe nez à nez avec une valise en osier. Je l'ouvre et j'y découvre des trésors, émerveillée : un ensemble de choses jolies, délicates, des dentelles d'époque, une carte datée de 1920. Je ne le sais pas encore, mais c'est un trousseau de mariée. Cette tradition très ancienne consiste à rassembler des objets et des accessoires en lien avec les racines et les origines de la future mariée. Je suis propulsée dans une vie qui n'est pas la mienne et qui me fascine. J'y reconnais instinctivement la joie, la beauté, la tradition. C'est la plus belle chose que j'aie vue pendant ma courte existence. Et celle qui va me guider tout au long de ma vie.

À 21 ans, je débarque de mon Sud natal pour intégrer une école de mode à Paris. Avec des rêves plein la tête. Et l'impression d'être la jeune fille la plus chanceuse dans la plus belle ville du monde.

Mais le véritable déclic, c'est mon propre mariage. Après trois demandes reçues dans ma jeunesse, la quatrième est la bonne et, à 26 ans, je me lance dans la grande aventure du mariage. Premier obstacle : la robe de mariée. Je ne me retrouve dans rien. Absolument rien. Bien sûr, il y a la haute couture, mais une robe Valentino à 150 000 euros n'est pas une option. Je me résous donc à créer ma propre robe. J'utilise les dentelles anciennes trouvées dans le trousseau de mon enfance. La première robe de mariée que j'ai réalisée a été la mienne. Puis j'ai conçu celles de mes amies. Et voilà comment j'ai inventé mon métier.

Le monde des robes de mariée a toujours été associé à quelque chose d'un peu ringard, surtout aux yeux de la Parisienne, qui saupoudre souvent son quotidien d'un soupçon de snobisme. Au moment où j'ai commencé à réaliser mes propres créations, ce milieu restait assez cucul la praline, pas très à la mode, et on continuait à l'assimiler à des dragées rose bonbon, à des kilomètres de tulle et de rubans. Tout l'enjeu était alors de le réconcilier avec la mode. J'y ai vu l'occasion de proposer un regard neuf et de devenir le lien entre ces deux univers autrefois très distincts : la mode cool d'un côté et le mariage mielleux de l'autre. C'est en suivant cette trajectoire très naturelle que j'ai créé ma marque.

Mon métier est un très bel observatoire des féminités et des évolutions de la société. D'ailleurs, je précise que même si je m'adresse beaucoup aux femmes dans ce livre et que j'y évoque davantage le modèle du couple hétérosexuel, j'ai été témoin de toutes les formes d'amour, j'ai marié des femmes entres elles et des hommes entre eux. En somme, mon livre s'adresse à tout le monde. Par commodité d'expression, je dis « les hommes » ou « les femmes », mais j'y inclus tous ceux qui veulent aimer et cherchent à donner du sens à cet amour. J'essaie sans cesse d'imaginer à quoi vont ressembler les mariages et les célébrations de demain.

Le mariage est comme un livre. Se marier, c'est avant tout raconter une histoire. Il faut l'écrire avec soin, penser en termes de sens, de souffle, de respiration, de style, pour trouver votre voix propre et suivre le chemin qui vous correspondra le mieux, celui qui rendra compte de votre singularité et fera de votre mariage l'un des plus beaux récits de votre vie.

Ce livre est autant un manuel de survie pour les futures mariées qu'un recueil de secrets de femmes, de transmission et d'amour. Un livre qui célèbre l'élégance et le chic de la Parisienne, mais aussi cette culture si particulière qu'est le romantisme à la française.

édition limitée
Robe courte edwardienne "Paulin"
Dentelle de Calais
dos creusé
Satin double mousseline crêponnée
Sous robe
Delphine Manivet

Je suis devenue parisienne à 21 ans, lorsque j'ai décidé de réaliser mon rêve et de faire des études de stylisme.

J'ai alors touché du doigt ce fantasme, cette idée, ce mirage, ce petit point qui brille à l'horizon comme l'étoile du Berger, ce modèle de féminité qu'on nous envie à travers le monde : la Parisienne. Qui est-elle ? Que fait-elle ? Comment fait-elle ? Quels sont ses secrets pour incarner à ce point l'assurance et pour cultiver son mystère ? Que se passe-t-il dans la chambre d'une Parisienne, dans son dressing, face à son miroir ?

La Parisienne, c'est avant tout un concept. J'ai compris très jeune, quand j'ai commencé à voyager, que cette image avait un impact très fort, un rayonnement international. Même lorsque je rentrais dans le Sud, on me collait cette étiquette en m'appelant « la Parisienne » avec un brin de dédain. La Parisienne est le joyau de l'élégance à la française. J'entretiens beaucoup de contacts avec l'étranger, j'ai une boutique à Londres et des *retailers* un peu partout dans le monde. Je rencontre souvent mes clientes, des actrices ou des mannequins, je bouge beaucoup, et cela me permet de voir les différences entre les pays.

Je crois pouvoir dire aujourd'hui qu'à travers le concept de Parisienne, c'est de moi-même ainsi que de mes amies et de mes mariées que je parle. Je revendique maintenant cette idée comme faisant entièrement partie de mon travail et de ma vie.

La Parisienne est devenue une marque, comme le champagne ou les croissants. Elle est le gage de quelque chose. D'une élégance, d'un style, d'un truc indéfinissable. Et si, justement, on se met en tête de définir ce « truc », on peut se perdre en route.

La Parisienne ne se laisse pas saisir facilement. À tout point de vue. On pourrait la comparer à un reflet dans l'eau : plus on s'en approche, moins on en distingue les contours. Héritière de Marie-Antoinette, des courtisanes de la Belle Époque, des féministes du XXe siècle, la Parisienne porte en elle l'histoire de ces femmes fières et élégantes qui faisaient et défaisaient la mode. D'ailleurs, le mot *fashion* vient de l'expression « à la façon de » : au XVIIIe siècle, les femmes commandaient des robes « à la façon de Marie-Antoinette ». Ce n'était pas tant la richesse de l'étoffe qui comptait que la façon dont on la plaçait sur son corps. C'est l'héritage ultime qu'ont reçu les Parisiennes : savoir agencer leurs vêtements d'une certaine manière, mélanger les styles et rendre leur attitude singulière et unique.

Libre, indépendante et créative, la Parisienne a l'air d'être beaucoup de choses tout en ne les étant pas vraiment. Elle cultive l'art d'« avoir l'air ». Avoir l'air naturel, donner le sentiment qu'elle vient de sauter dans un jean et un pull, alors qu'elle intellectualise énormément son style. Tout est pensé. Il y a en elle une forme de détachement, de retenue et de pudeur. Cela plaît aux hommes, bien évidemment, mais aussi aux femmes, qui essayent de copier cet aspect un peu mystérieux.

Son ADN, c'est aussi cette part de retenue. Elle ne se livre pas, ne révèle jamais complètement ses secrets. Elle donne toujours le change. Il n'y a pas de laisser-aller, elle garde le contrôle. Même si elle aime faire la fête, elle se tient.

Tout est une question d'attitude. La Parisienne se connaît assez bien pour donner l'impression d'avoir une grande confiance en elle et d'être à l'aise dans n'importe quelle circonstance. Elle maîtrise le mélange subtil du chic & chill, de la décontraction et de l'élégance. Le confort est pour elle une notion très importante. Il faut qu'elle se sente bien. Grâce à des vêtements adéquats, elle conserve une décontraction intérieure qui lui permet de garder la bonne attitude tout au long de la journée, sans avoir besoin de se changer entre un rendez-vous de travail matinal et un verre avec ses amies en soirée.

La Parisienne a un rapport très singulier à la beauté et au soin. Elle assume ses différences et en fait une force. Elle sait mettre en avant ses particularités. Je pense à Sarah Bernhardt, dont le directeur du théâtre de l'Odéon disait : « Elle n'était pas jolie, elle était pire. » La Parisienne ne cède pas à l'uniformisation de la beauté, elle est capable de créer du charme à partir de ses défauts. Elle s'appuie sur des modèles forts qui lui donnent confiance en elle. En ce qui me concerne, je m'appelle Delphine parce que ma mère admirait énormément l'actrice et réalisatrice Delphine Seyrig et qu'elle voulait me transmettre un peu de sa force à travers ce prénom.

Pour ce qui est des jeux de la séduction, les étrangers voient la Parisienne comme une maîtresse de l'amour et de la frivolité. En faisant appel à moi, mes clientes ont l'impression de s'approprier un peu de cette magie, de cette sensualité légendaire.

À leurs yeux, la Parisienne est chic et élégante, elle envoie du « wow ». Mes clientes aspirent à la simplicité, à l'évidence du style qu'elle incarne. Elles veulent tout cocher : non seulement la robe, mais aussi les cheveux, le maquillage… En quelque sorte, elles veulent extraire l'attitude et l'allure de la Parisienne. Quant au « French Kiss », cela m'amuse toujours beaucoup quand on me demande comment le réaliser !

LOUVRE

I

LA DEMANDE EN MARIAGE

Bridal
BRIDAL

Après la demande en mariage

ÇA Y EST. On vous a fait une demande en mariage. Le plus beau voyage de votre vie vous attend. Mais c'est aussi un chemin semé d'embûches qui peut être éreintant et compliqué. Alors comment rendre ce périple inoubliable ? Et avant toute chose, quelles questions faut-il se poser avant de se lancer ?

« VEUX-TU M'ÉPOUSER ? »

Je questionne souvent mes mariées sur la manière dont leur demande en mariage s'est déroulée. Leurs réponses sont très diverses : ce moment peut être spectaculaire ou très simple. Parfois, la mariée fait elle-même la demande ; parfois, on se contente d'aborder le sujet au cours d'une conversation à priori anodine. Mais ces instants ont toujours quelque chose d'éternel et de sacré.

Si la demande en mariage a une place si particulière dans notre imaginaire, c'est parce qu'elle repose sur une tradition très ancienne. À l'époque médiévale, les futurs chevaliers s'inclinaient au moment d'être adoubés par leur seigneur. Le genou posé à terre lors d'une demande est donc un signe de dévouement et de respect, mais aussi et surtout de loyauté.

Que votre moitié ait choisi de sortir le grand jeu ou de vous poser la question simplement, c'est le moment de vous laisser aller aux mots d'amour et à la sensualité. Vous aurez le temps de réfléchir à l'organisation plus tard, même s'il est tentant de commencer à penser à la longueur de votre traîne ou à la liste des invités.

En réalité, le plus difficile est de trouver la bonne personne. On peut se tromper. Il n'est jamais trop tard pour se poser la question ! Se marier est une chose, encore faut-il que ce soit avec celui ou celle aux côtés de qui on a envie de passer sa vie. On sait qu'on est avec la bonne personne quand on devient une meilleure version de soi-même, qu'on grandit, qu'on apprend. L'amour est évidemment défini par les sentiments qu'on nourrit pour l'autre, mais il se fonde aussi sur la capacité à s'aimer soi-même grâce à l'autre. Arrêtez-vous un instant et demandez-vous si votre partenaire :

– vous apporte parfois le petit-déjeuner au lit
– fait tout son possible pour résoudre vos problèmes
– vous a déjà organisé un dîner ou une soirée surprise
– ne fait pas un métier que vous détestez
– accorde de l'attention aux enfants de votre entourage
– vous fait jouir
– vous fait jouir plusieurs fois d'affilée
– a une odeur que vous aimez, même quand il transpire
– vous pose beaucoup de questions (S'il n'en pose pas, c'est mauvais signe : regardez les choses en face, il ne s'intéresse pas beaucoup à vous.)
– porte vos bagages et vous tient la porte (À vrai dire, ça n'a aucune importance ! C'est mon côté vieille France, j'adore la galanterie… Mais ça ne doit pas être un critère déterminant !)
– Enfin, préférez-vous parfois être sans cette personne ? (C'est une question piège, il faut absolument répondre oui ! Sinon, vous êtes peut-être dans une relation toxique.)

Détendez-vous ! Posez-vous vos propres questions ou ne vous en posez pas du tout. Laissez-vous surprendre et ayez confiance en la vie. Ma meilleure amie s'apprête à se marier avec un homme qui ne correspond à aucun des accords qu'elle avait passés avec elle-même. Elle voulait épouser un homme grand et fort qui arborerait une splendide crinière, son fiancé est petit et chauve. L'amour a ce pouvoir de nous bousculer et de nous faire découvrir des choses nouvelles. Capillairement parlant et au-delà.

La bague

LES BAGUES de mariage sont un symbole, celui du pacte qui unit deux personnes. Ces petits objets cristallisent un moment sacré, qu'il s'agisse de la demande en mariage ou de la cérémonie elle-même. Traditionnellement, il y a deux bagues : la bague de fiançailles et l'alliance.

Les choses évoluent aussi en matière de bagues, mais si je devais donner quelques conseils, je dirais que l'alliance doit plutôt être fine, élégante et discrète. Il peut s'agir d'un anneau délicat, tout simple, presque comme un fil, ou d'une bague pavée de diamants.

Quant à la bague de fiançailles, elle peut être plus spectaculaire et ornée d'une pierre plus grosse, ronde ou de taille coussin. Certaines sont inspirées de modèles vintage ou Art déco.

La bague de fiançailles se porte à l'annulaire gauche jusqu'au jour du mariage, où elle devra passer à l'annulaire droit et ainsi céder sa place à l'alliance. Cette tradition se fonde sur une croyance égyptienne selon laquelle l'annulaire gauche serait directement relié au cœur par une veine, la *vena amoris*.

La tradition veut que votre partenaire vous fasse sa demande en mariage en vous présentant une bague dans un petit écrin, mais il est possible que celle-ci ne soit pas à la bonne taille ou qu'elle ne vous plaise pas. Sentez-vous libre de la changer contre une autre. Certaines femmes choisissent leur alliance de leur côté, l'achètent elles-mêmes, la fabriquent, la dessinent, s'en rachètent une nouvelle quelques années plus tard. D'autres décident de ne pas en porter du tout.

Les Parisiennes ont un rapport très singulier à leur bague de fiançailles et à leur alliance. Une forme de fantaisie, de liberté les gouverne. Elles n'hésiteront pas à mettre leurs bagues certains jours seulement, à retirer leur bague de fiançailles de temps en temps ou à la porter différemment.

Mais le secret, c'est de trouver un bijou qui vous corresponde, qui raconte une histoire. S'appuyer sur le passé ou les traditions peut permettre de redonner du sens à certaines choses. Ainsi, il est intéressant de se renseigner sur la signification des pierres pour choisir sa bague. Même si la Parisienne se tourne généralement vers un diamant blanc, j'observe de plus en plus chez mes clientes un désir de singularité qui passe par le choix d'une pierre colorée.

LA SIGNIFICATION DES PIERRES

DIAMANT . . . . *union, engagement, amour éternel*
ÉMERAUDE . . . . . *espoir, pouvoir régénérateur, amour véritable*
SAPHIR . . . . *pureté, sagesse, amour serein*
RUBIS . . . . *force, passion, amour sensuel*
AMÉTHYSTE . . . . *dévotion*
PIERRE DE LUNE . . . . *innocence*
PERLE . . . . *amour*
TURQUOISE . . . . *souvenir, amour véritable*
CORAIL . . . . *confiance, courage*

Il est très émouvant de regarder une femme ou un homme montrer sa bague et expliquer d'où elle vient, ce qu'elle raconte, avec un mélange de fierté et de pudeur.

Pour ma part, j'ai reçu neuf demandes en mariage et sept bagues, que j'ai toutes gardées. En tout cas, personne ne me les a jamais réclamées. Je peux donc vous faire un rapide panorama de ce qui m'a été offert :

- trois ors entrelacés,
- un microdiamant sur un jonc en or,
- un diamant rond blanc sur un jonc en platine,
- un diamant noir sur un anneau en jade,
- des petits saphirs et des microdiamants,
- un rubis sur un jonc en argent,
- des petits diamants sertis dans des rosaces sur un anneau ciselé,
- une proposition de me faire un tatouage identique au sien, un point à l'intérieur du doigt en guise d'alliance (j'ai refusé, mais au fond, ce n'est pas une mauvaise idée),
- une capsule de champagne.

Aujourd'hui, si je devais demander un homme en mariage, je lui offrirais un anneau plat en or blanc gravé avec un microdiamant à l'intérieur. Et si je devais demander à une femme de m'épouser, je lui offrirais un anneau presque transparent en microperles de diamant.

II

IMAGINER SON MARIAGE IDÉAL

Trouver l'inspiration

MAINTENANT que vous êtes certaine de vouloir vous lancer, vous vous retrouvez face à une page blanche. Par où commencer ? Comment esquisser les premiers traits du plus beau jour de votre vie ?

Tout d'abord, réfléchissez à ce qui sera au cœur de votre mariage, à ce que vous aimeriez que vos invités retiennent de cette journée. Qu'est-ce qui fédère votre couple ? Quelles sont vos valeurs communes ? Avez-vous des rêves de petite fille que vous voulez absolument réaliser ? Cet exercice d'introspection vous permettra d'ébaucher l'épine dorsale de votre cérémonie et de mettre de côté ce qui ne vous correspond pas. Si vous êtes deux fervents écolos qui mènent une vie simple et proche de la nature, ce n'est pas la peine de vous attarder sur des catalogues de décoration bling-bling.

Il n'est pas forcément utile de s'enfouir sous des tonnes de livres et de magazines ou d'arpenter frénétiquement les allées des salons. Votre mariage ne peut pas tout être à la fois : vous risqueriez de vous perdre dans la multitude de conseils dont regorgent internet et les centaines de publications consacrées à ce sujet. Sélectionnez ce qui entre en résonance avec vos goûts, votre histoire, votre personnalité. De fil en aiguille, vous vous constituerez votre propre univers de références.

Les premières semaines, laissez infuser les inspirations, notez ce qui trouve un écho en vous, écartez ce qui, à la réflexion, ne vous parle pas tellement, composez des *moodboards* dans un carnet ou sur Pinterest : l'édifice de votre mariage se construira petit à petit autour de la direction que vous avez choisie.

Le thème

QUAND ON PENSE « thème de mariage », des images très kitsch ou cucul la praline peuvent surgir et donner envie de partir en courant. Vous n'êtes pas obligée d'en choisir un, mais si vous avez envie de le faire, voyez le thème comme un fil conducteur qui peut vous aider à prendre des décisions et à raconter une histoire.

Vous pouvez par exemple opter pour un thème en rapport avec le lieu où vous prévoyez de vous marier. Choisir un thème provençal si on se marie à Paris n'a pas beaucoup de sens. Le nouveau chic, c'est de penser local – ne pas faire venir des lavandes du sud de la France si on se marie dans le Nord, par exemple. Idéalement, il faut observer et respecter l'environnement où a lieu la célébration tout en tentant de le sublimer. On le seconde, on l'accompagne, mais on n'essaie pas de faire entrer des ronds dans des carrés.

Choisir un thème vous permettra aussi de définir les couleurs de votre mariage. À moins d'être une experte des nuanciers, concentrez-vous sur une gamme restreinte de coloris. Vous pouvez vous baser sur vos couleurs préférées (à condition que ce soient aussi celles de votre fiancé) ou composer une palette à partir de l'ambiance du lieu de réception.

Pour un mariage typiquement parisien, voici cinq thèmes qui fonctionnent très bien :

- GUINGUETTE : rive d'un fleuve,
  guirlandes de lumières, nappes à carreaux
- BRASSERIE : huîtres, champagne,
  serveurs portant de longs tabliers
- VINTAGE BELLE ÉPOQUE : esprit XIXe siècle,
  buffets généreux, nappes anciennes et chandeliers
- ART DÉCO - ANNÉES 1920 :
  vin servi dans des petits verres en cristal 1800,
  invitées vêtues de manteaux en velours
- VERSAILLESQUE :
  pivoines dans des seaux à champagne,
  Billecart-Salmon, porcelaine fine

Imaginer la cérémonie

QUELLE QUE SOIT LA FORME qu'elle prendra et la signification que vous lui donnerez, la cérémonie sera le moment qui déclenchera la célébration de votre mariage. Souvent intense en émotions, elle peut tout aussi bien réunir le noyau dur de vos proches que l'ensemble de vos invités. En matière de cérémonie, il n'y a qu'une règle d'or: choisissez la configuration avec laquelle vous vous sentez à l'aise, celle qui cadre avec ce qui est important pour vous et votre partenaire.

Pour officialiser votre union aux yeux de la loi, vous devrez passer par la mairie. En France, on ne peut pas simplement choisir la mairie d'une commune qu'on trouve jolie. Il faut en principe que l'un des époux ait un lien avec cet endroit, soit parce qu'au moins un de ses parents y vit, soit parce qu'il y habite lui-même. Évidemment, il est plus pratique que la mairie ne soit pas trop éloignée du lieu de réception, mais des arrangements sont toujours possibles. On peut par exemple inviter quelques proches (dont les témoins) à assister à la cérémonie civile, puis convier le ban et l'arrière-ban à une grande fête un autre jour.

Si cela vous tient à cœur, vous pouvez poursuivre dans un lieu de culte. La cérémonie religieuse a tendance à cristalliser les passions : il est possible qu'il y ait, dans l'une ou l'autre des familles, un oncle qui ne veut pas mettre les pieds à l'église ou une grand-mère qui refusera de vous considérer comme mariés tant que vous ne serez pas passés devant un prêtre. Faites ce dont vous avez envie. Vous marier dans un lieu de culte aura du sens si vous ou votre partenaire ressentez un lien profond, quel qu'il soit, avec la religion concernée. Il existe de multiples façons d'inclure l'histoire de vos familles dans votre mariage. Restez à l'écoute, rendez hommage aux personnes qui vous sont chères, mais ne vous laissez pas embarquer dans quelque chose qui ne vous convient pas.

Une autre solution est d'organiser une cérémonie laïque. Cette configuration est très appréciée, car elle permet de créer de toutes pièces le moment dont on rêve, de faire intervenir famille et amis, d'accomplir des gestes symboliques et d'échanger de magnifiques vœux (soyez sûre que des larmes seront versées !). Si vous la choisissez, faites appel à un officiant pour diriger la cérémonie, vous ne pourrez pas vous en occuper vous-même. Il peut s'agir d'un professionnel ou d'un(e) ami(e) qui est à l'aise face à un public.

Le délai à prévoir pour fixer une date avec la mairie ou le lieu de culte varie beaucoup selon les endroits et la période de l'année. Si vous voulez vous dire oui à Paris, prenez-vous-y plusieurs mois à l'avance, car de nombreux mariages y sont célébrés.

Choisir le lieu de réception

VOUS MARIER est l'occasion de faire preuve de créativité. Vous pouvez prévoir un magnifique pique-nique dans un pré avec de très grandes tables basses, des coussins posés au sol, des bougies un peu partout et un piano dans l'herbe, ou bien un dîner somptueux dans un château avec un service à table, des chandeliers anciens en argent et un quatuor. Le plus important est de trouver un endroit qui vous ressemble et, si possible, qui raconte une histoire, la vôtre.

Pour mon premier mariage, nous avions choisi un très beau domaine viticole dans le sud de la France, avec une chapelle et un joli cloître : cela correspondait parfaitement à ce que nous recherchions et surtout au grand nombre d'invités que nous avions conviés. Nous voulions faire la fête jusqu'au bout de la nuit, et ce lieu isolé le permettait. C'est un point auquel il faut être vigilante : de nombreux propriétaires imposent une limite d'heure et menacent dangereusement de couper la fête.

Si je devais me remarier, je chercherais quelque chose de plus simple et de plus intime, peut-être un musée romantique ou une brasserie typiquement parisienne où seront servis des huîtres et du champagne.

Le choix du lieu peut découler du thème ou au contraire l'inspirer. Mais ce que j'aime par-dessus tout, ce sont les décalages, les inventions, la fantaisie, les jeux autour des codes établis. Imaginer un thème « versaillesque » sur une péniche ou dans un jardin peut être du plus bel effet. Osez !

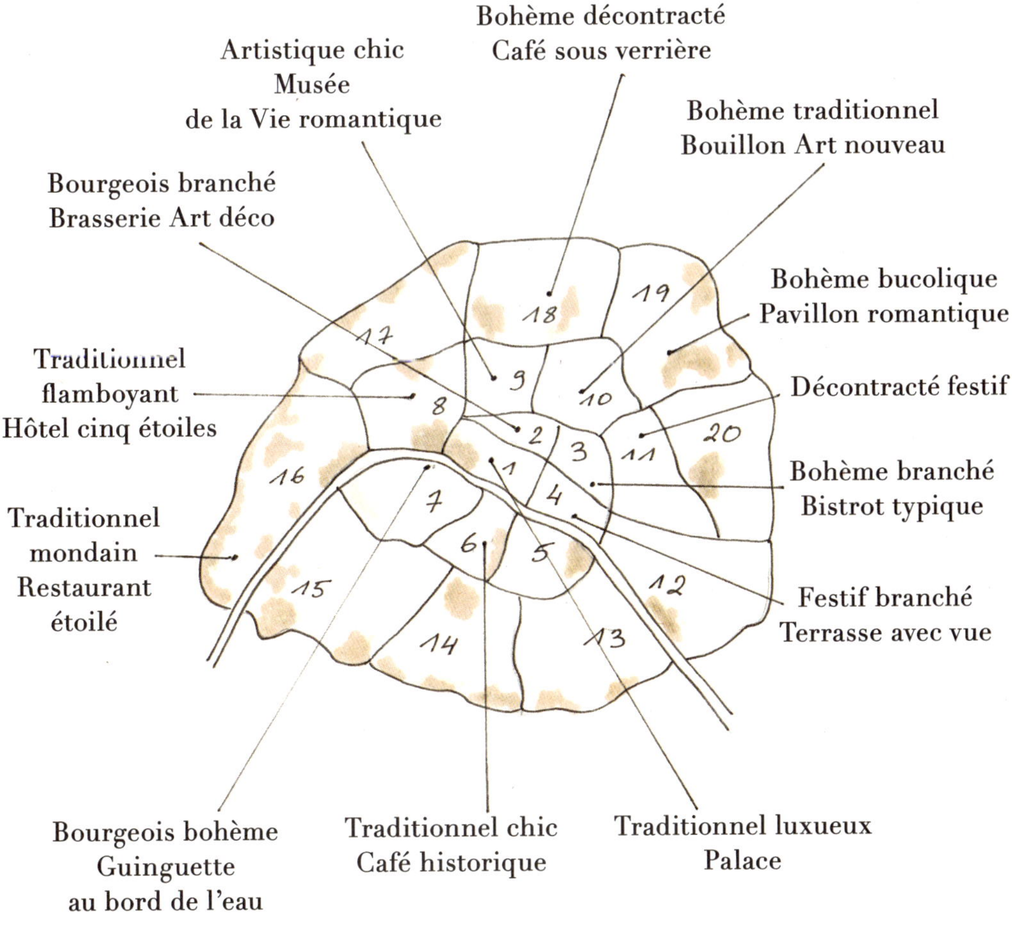
Bohème décontracté
Café sous verrière
Artistique chic
Musée
de la Vie romantique
Bohème traditionnel
Bouillon Art nouveau
Bourgeois branché
Brasserie Art déco
Bohème bucolique
Pavillon romantique
Traditionnel
flamboyant
Hôtel cinq étoiles
Décontracté festif
Bohème branché
Bistrot typique
Traditionnel
mondain
Restaurant
étoilé
Festif branché
Terrasse avec vue
Bourgeois bohème
Guinguette
au bord de l'eau
Traditionnel chic
Café historique
Traditionnel luxueux
Palace
1
2
3
4
5
6
7
8
9
10
11
12
13
14
15
16
17
18
19
20

Le choix du lieu est très important, car il détermine une grande partie du budget. Si vous placez tout votre budget dans la réservation d'un lieu magnifique, vous risquez d'être un peu serrés pour le reste. Mieux vaut offrir du champagne et des mets délicieux dans un jardin que des chips dans un château !
Le délai à prévoir dépend beaucoup du type de lieu que vous choisirez : restaurant chic, jardin d'un grand musée, domaine familial, château de rêve ou ferme de charme... Renseignez-vous rapidement auprès des gestionnaires des lieux que vous avez repérés.

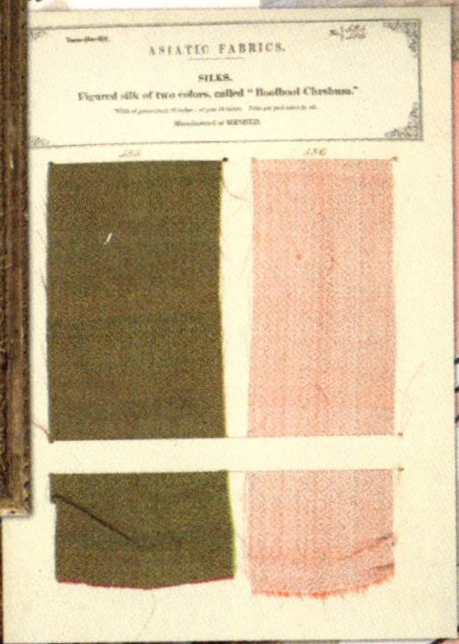
ASIATIC FABRICS.
SILKS.
Figured silk of two colors, called "Boolbool Chrshum."

LE JARDIN ET L'HOTEL DE M. POIRET
(A LA FIN DE LA 1002e NUIT)

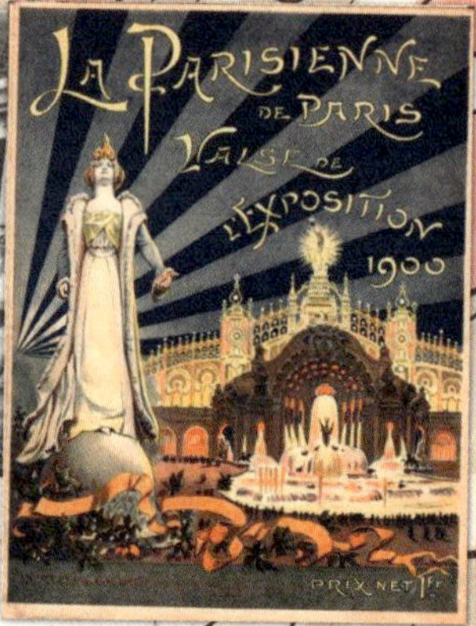

LE TRIOMPHE DE LA PARISIENNE

NOS CONCOURS

Les invités, la fameuse « liste »

CONCERNANT LES INVITÉS – vos familles, vos amis, les enfants de vos amis –, les codes ont beaucoup changé au cours du temps. Aujourd'hui, la règle, c'est que chacun fasse comme il veut ! Une nouvelle tendance est en train d'émerger, celle des « mini-weddings ». Adopter cette perspective permet de réduire le nombre d'invités sans vexer ses proches (ou, en tout cas, en les vexant moins que s'ils avaient été écartés d'une grande fête). Les mariés doivent suivre leur cœur, leur instinct, et ne pas se mettre la pression. Le but ultime est que tout le monde soit heureux.

Pour établir la liste des invités, vous pouvez utiliser l'équation suivante :

Les témoins
+ les enfants (si vous en avez)
+ la famille proche
+ les amis (si possible à part égale entre les deux mariés)
+ quelques amis des parents (si vous avez moins de 35 ans)

N'oubliez pas de prendre en compte le ou les accompagnateurs de chaque invité. Si vous avez des difficultés à résoudre ce calcul complexe, faites avec votre partenaire une liste des personnes que vous voudriez idéalement convier au mariage. Si elles sont trop nombreuses, faites une seconde liste dans laquelle vous essayerez de ranger les noms par ordre de priorité.

FAUT-IL FORCÉMENT INVITER LES ENFANTS ?

C'est une question importante. Il faut savoir qu'inviter les enfants de ses amis ou de sa famille représente un réel budget et que ne rien prévoir pour les occuper pourrait nuire au bon déroulement du jour J. Le mariage doit être une fête pour eux. Il ne faut pas non plus les en dégoûter, ou ils ne voudront pas se marier eux-mêmes.

Si c'est hors budget, expliquez avec honnêteté et simplicité à vos amis pourquoi ils ne sont pas invités. Si vous leur dites que vous avez fait le choix d'un mariage plus confidentiel, entre adultes, ils comprendront.

Cela dit, les enfants apportent de la joie dans un mariage. En France, la tradition des enfants d'honneur reste assez importante. On choisit les enfants de la famille en premier lieu, puis on peut étendre aux enfants des amis. C'est la mariée qui offre leur tenue. Ils sont censés préparer l'entrée de la mariée : mettre des pétales sur son chemin, tenir son voile ou sa traîne pour qu'elle soit à l'aise. Ils distribuent aussi le riz qui sera lancé sur les mariés à la fin de la cérémonie. Historiquement, les enfants d'honneur jouent un rôle de reconnaissance pour les familles, ils permettent à chacun de trouver sa place.

Les témoins et les bridesmaids

EN FRANCE, pour se marier à la mairie, il est nécessaire de choisir au minimum un et au maximum deux témoins par époux (les futurs mariés ne sont pas obligés d'avoir le même nombre de témoins).

Il peut s'agir de membres de votre famille ou d'amis. Les témoins ont avant tout pour rôle de certifier devant le maire que votre couple est bien réel. Mais ce sont aussi des personnes ressources pendant la cérémonie. Ils se chargent d'aider vos familles et vos amis à se placer dans la mairie, de collecter les numéros de téléphone des invités pour les prévenir en cas de retard, de conserver les alliances, de déplacer les fleurs, d'avancer la voiture des nouveaux époux…

Ils ont aussi une fonction très symbolique. Ce sont eux qui vous accompagnent tout au long de la journée, en vous soutenant durant les moments d'émotion, en vous apportant ce dont vous avez besoin et en restant à vos côtés.

Dire à un proche qu'on le choisit comme témoin, c'est aussi une célébration, un moment à deux qui scelle un lien, un instant particulier à chérir. Vous pouvez accompagner cette annonce d'une petite attention, comme une lettre manuscrite, un grigri, un petit cadeau ou un souvenir.

MON CONSEIL

Les témoins doivent penser à emporter leur passeport à la mairie pour s'assurer que le mariage aura bien lieu ! Ou bien il faudra choisir quelqu'un d'autre dans l'assistance.

Le choix de vos témoins s'imposera peut-être comme une évidence. Mais si vous avez plusieurs amis très proches, la décision peut être plus difficile à prendre. Je vous conseille de vous tourner vers une personne dont vous pensez qu'elle sera à même de vous rassurer le jour J. Si l'une de vos amies a tendance à stresser ou, au contraire, est un peu flâneuse, ce rôle ne lui conviendra peut-être pas.
Comme toujours, faites le choix que vous pensez être le bon. Vous pourrez impliquer vos autres amies d'une manière différente, par exemple en leur proposant d'être vos bridesmaids.

S'entourer de bridesmaids est une tradition américaine et anglaise qui s'est popularisée dans le monde entier depuis quelques années. C'est un très joli moyen de dire à nos amies proches qu'on les aime. Traditionnellement, on choisit des femmes jeunes et célibataires pour qu'elles puissent trouver un amoureux pendant la fête. Mais il n'y a aucune règle immuable à respecter.

Le jour J, les bridesmaids tiennent un rôle de divertissement : elles participent à créer l'émotion et accompagnent la mariée. Elles s'occupent de son bouquet, de son voile, de sa traîne et l'aident à se préparer. Elles prennent soin d'elle avant et après la cérémonie. Elles peuvent aussi faire danser les invités pendant la fête.

En termes de nombre, il n'y a pas de règle, mais elles sont le plus souvent entre trois et cinq. Pour ce qui est de l'étiquette, elles sont placées à gauche de la mariée dans l'église. En général, elles portent un bouquet inspiré de celui de la mariée – selon les codes parisiens, il doit être plus petit que le sien.

MA MEILLEURE AMIE ET TÉMOIN RÊVE DE SE MARIER, MAIS ELLE N'ARRIVE PAS À TROUVER LA BONNE PERSONNE

Avant le mariage, il y a quelques passages obligés : la rencontre, la séduction, l'amour, la découverte de la famille et des amis, des animaux de compagnie, des collègues, des manies, des phobies... Un parcours du combattant pendant lequel il vaut mieux éviter les fautes de goût, les excès, les reproches et les rendez-vous manqués. Si votre amie ne parvient pas à trouver l'amour et vous fait part de son découragement, vous pouvez lui faire lire ces quelques conseils de bon sens.

- Vous arrivez à une soirée, vous le voyez, il vous attire, rien de plus élémentaire que cette loi de l'attraction. La danse de la séduction va commencer. Ne vous précipitez pas sur lui avec un regard de noyée. Observez-le plutôt de loin avec le « regard Marilyn », souriez, gardez des mouvements lents et maîtrisés. Même si ça bouillonne à l'intérieur de vous, essayez de rester calme. Et, en toute simplicité, inondez la pièce de lumière.
- Lors d'un premier rendez-vous, évitez d'accumuler les accessoires, vous n'êtes pas un sapin de Noël. Misez sur ce qui vous va, sur ce qui fait de l'effet. Une des clés pour se sentir en confiance est de trouver un uniforme qui vous ressemble et que vous pourrez enfiler de façon automatique. On imagine souvent la Parisienne avec un trench, un petit pull et des boots. En réalité, elle s'est adaptée à son environnement. C'est Paris qui lui dicte sa silhouette. Une des choses qui rend cette ville unique, c'est qu'on peut y passer d'un univers à l'autre en quelques minutes. Une tenue assez simple, confortable mais chic, permet de s'adapter à toutes les situations. Votre uniforme peut être une version simplifiée de ce qui vous va le mieux !

– Le secret de la beauté, c'est d'être bien dans son corps et d'en être fière. Il n'est pas si facile de réussir à se voir telle que l'on est vraiment. Regardez-vous dans le miroir avec tendresse et bienveillance et essayez d'observer vos petits défauts d'un œil nouveau, vous pouvez peut-être en faire une marque de fabrique.
– L'indépendance est un combat que les femmes ont mené pendant des siècles et continuent de mener aujourd'hui. Montrez que vous êtes libre, que vous avez votre propre vie, vos amis, votre famille, vos passions, vos centres d'intérêt, vos goûts, votre travail, et que vous ne demandez qu'une chose, c'est que vous appreniez de lui et qu'il apprenne de vous. C'est dans cet équilibre que l'harmonie pourra surgir.
– Évitez les cascades de textos. Le message parfait est une question qui invite l'autre à revenir vers vous d'une façon ou d'une autre. Tournez sept fois votre texto entre vos pouces avant de l'envoyer. Il est possible de garder certaines choses pour soi ! N'écrivez pas tout ce qui vous passe par la tête.
– Essayez d'éviter toutes les petites phrases passives-agressives, tous les cynismes. Il faut accorder un grand respect à la parole que l'on va donner ou recevoir.
– Les émotions sont une matière hautement inflammable, mais on peut apprendre à les contrôler. Dans la mesure du possible, il faut essayer de les accueillir dans son corps avant de les exprimer. Lorsque nous sommes débordés par nos états d'âme, les autres sont rarement capables de comprendre le tsunami intérieur qui nous traverse. Nos émotions nous appartiennent, elles sont le fruit de notre propre histoire. Les autres n'y sont pour rien !
– Ne cherchez pas à retenir l'autre à tout prix. S'il souhaite s'en aller ou part pour un rendez-vous, ce serait une grossière erreur de se pendre à son cou en lui disant: « Tu vas me manquer, non, reste, je t'aime, ne pars pas ! » Mettez-vous à sa place, c'est insupportable.

– Ne vous collez pas à l'autre comme un poulpe.
– Évitez les conversations claires concernant le mariage. Ne l'acculez pas entre le fromage et le dessert dès le deuxième rendez-vous pour connaître ses véritables intentions. Faites des allusions malines, mais restez calme.
– Attention aux «je t'aimc» intempestifs. Dites-le peu, mais bien.
– Ne demandez pas sans arrêt des preuves d'amour. La tentation peut être grande, mais je crois que c'est un fardeau pour l'autre que de devoir prouver constamment son amour. Essayez de vous rappeler que s'il est avec vous, c'est parce qu'il vous aime. Et si vous avez besoin d'être rassurée (cela nous arrive à toutes), plutôt que de lui demander: «Est-ce que tu m'aimes?», dites-lui: «Je voudrais passer plus de temps avec toi, j'aimerais que nous sortions dîner tous les deux ce week-end.» Cela vous donnera de bien meilleurs résultats.
– Essayez de ne pas critiquer frontalement ses amis ou sa famille. Même si Christophe, le cousin aux ongles sales, aime un peu trop les armes à feu à votre goût. Retenez-vous de porter des jugements sur son entourage.
– Ne passez pas votre vie à faire des reproches. Mieux vaut choisir que subir. On a toujours le choix. Ne feignez pas d'être heureuse si vous ne l'êtes pas, mais dans ce cas, envisagez de changer de partenaire.
– S'il vous fait du mal, s'il vous heurte, n'essayez jamais de lui faire du mal en retour. Cela se retournera toujours contre vous. La vengeance est la pire chose que l'on puisse se faire à soi-même. Ne perdez pas de temps à essayer de rendre l'autre jaloux sur Instagram. Une femme heureuse n'a pas le temps de poster des photos de son bonheur sur les réseaux sociaux.

– Disputez-vous, un peu. Je suis la spécialiste pour répondre qu'il n'y a rien lorsque mon conjoint me demande ce qu'il se passe, même si quelque chose ne va pas. Ce n'est pas grave si on n'est pas d'accord, et chercher à avoir raison n'a jamais rendu personne heureux. Je réfléchis beaucoup à la manière dont on pourrait se disputer plus calmement. L'idéal serait de communiquer ses sentiments de manière authentique et en parlant depuis son propre point de vue, sans prêter de pensées ou d'intentions à l'autre.
– Pour être heureux en couple, il faut déjà se sentir bien en sa propre compagnie. Pour se marier, il faut avoir envie de s'épouser soi-même. C'est le point de départ. En fait, c'est dans ces termes qu'il faudrait poser le problème. Le mariage n'est pas une bouée de sauvetage. C'est un espace nouveau dans lequel on est trois : soi, l'autre et le couple, cette troisième entité que l'on crée pour grandir, s'améliorer et éventuellement fonder une famille.
– Il y a autant de sexualités que de couples. Alors ne culpabilisez pas. J'adorerais avoir des conseils pertinents et universels à donner, mais le fait est que je n'ai pas inventé l'eau chaude du désir. Alors bonne chance à chacune !

Le budget et le temps

LA QUESTION du budget est un chapitre sensible. La somme totale varie énormément en fonction du mariage désiré, des moyens des uns et des autres, des configurations que l'on choisit, des options que l'on privilégie.

On peut néanmoins dire que pour un « grand » mariage parisien auquel 100 à 150 personnes sont invitées, il faut compter entre 25 000 et 40 000 euros. Si vous préférez organiser un « petit » mariage avec 40 à 80 convives, votre budget pourrait tourner autour de 10 000 euros. C'est, dans les grandes lignes, ce que j'observe aujourd'hui.

Encore une fois, tout dépend des moyens de chacun, mais en général, les parents payent pour leur enfant. Les familles des mariés divisent la somme en deux. Je dirais que c'est la norme depuis une trentaine d'années. Autrefois, c'était la famille du marié qui prenait tout en charge. Aujourd'hui, ce qui est moderne, c'est que les parents payent pour leurs amis et que les mariés payent pour les leurs. Cette solution est probablement celle qui engendre le moins de culpabilité, ce qui est appréciable, car l'aspect financier du mariage peut être très difficile à gérer.

Je vous conseille d'aborder rapidement la question et d'en parler avec le plus de transparence possible. Vous pouvez faire un tableau assez simple pour évaluer les frais. Pour le traiteur, il faut compter au moins 50 euros par personne ; pour les alcools, 40 euros, etc. Après avoir fixé un budget pour chaque catégorie, on parvient à un chiffre qui donne une idée assez précise de la somme totale. Il vous suffit ensuite de le diviser par le nombre d'invités, et vous aboutirez à un budget par personne qui vous permettra de facilement diviser les coûts entre les familles. Bien entendu, s'il y a un décalage entre les situations, la répartition peut se faire autrement.

5% Urgences
20% Lieu de réception
25% Traiteur et vins
15% Décoration et fleurs
15% Musique et animations
10% Photos et vidéos
10% Papeterie et autres

Et si l'on veut réduire le budget, il faut limiter soit le nombre d'invités, soit le nombre de jours pendant lesquels le mariage se déroulera.

En France, la règle est que les mariés prennent en charge tout ce qui concerne la restauration et les boissons, mais pas l'hébergement ou les déplacements des invités. Il est très rare qu'ils envoient des billets de train à tous leurs amis. Parfois, les mariés offrent une chambre sur place à leurs proches. Dans tous les cas, ils envoient par mail ou avec le faire-part une liste de logements de différentes catégories situés aux alentours du lieu de réception. Gardez en tête que votre mariage constituera un budget pour les invités. Il faut donc avoir la délicatesse de leur proposer différentes alternatives, depuis la chambre chez l'habitant jusqu'à l'hôtel cinq étoiles (pour ceux qui veulent se faire plaisir).

Quant à la robe, traditionnellement, elle est offerte par la mère à sa fille jusqu'à ses 36 ans. Mais désormais, c'est le plus souvent la mariée qui se charge de l'acheter. Si sa mère veut participer, elle peut lui offrir un bijou ou un accessoire. Autrefois, c'était la tante ou la grand-mère de la mariée qui fournissait le voile.

Comme le budget, le temps file très vite lorsqu'on prépare son mariage. Je vous conseille de commencer les préparatifs environ un an à l'avance si vous voulez avoir des délais confortables.

Commencer à célébrer

DÈS VOS FIANÇAILLES, vous pouvez organiser un événement pour réunir autour de vous les personnes que vous êtes certains d'inviter à votre mariage et leur annoncer la grande nouvelle. La fête de fiançailles peut simplement prendre la forme d'un repas au restaurant ou d'une soirée en petit comité.

Quelques semaines avant le mariage a lieu le rituel de l'enterrement de vie de jeune fille. La tradition de l'enterrement de vie de célibataire remonterait au XVIIIe siècle. À cette époque, il n'existait que pour les hommes et se résumait à un passage en maison close, le plus souvent dans un état d'ébriété avancée. C'était une manière de préparer le futur marié au devoir conjugal en le « déniaisant ». Pour les femmes, cette fête s'est imposée très récemment, vers les années 1960-1970.

L'enterrement de vie de jeune fille est en général organisé par les témoins de la mariée et les bridesmaids. C'est rarement la mariée qui le planifie elle-même.

On essaiera toujours de rester dans une forme d'élégance. Un enterrement de vie de jeune fille typiquement parisien pourrait être, par exemple, un déjeuner chic suivi d'un spa entre amies, ou une soirée dans un restaurant où l'on peut danser... Peuvent même être invités des amis masculins : les codes ont beaucoup évolué et sont moins stricts qu'autrefois.

L'enterrement de vie de jeune fille doit ressembler à la future mariée. C'est un moment de partage pendant lequel elle est mise en avant, célébrée, et non ridiculisée. Pas besoin de faire des jeux humiliants ou d'organiser un saut en parachute. Il y aura, en revanche, beaucoup de rires, de danse, d'amour et de champagne !

P.-S. : Enterrement de vie de jeune fille n'est pas synonyme d'abandon complet de soi ou de lâcher-prise total ! On ne loue pas de limousine couverte d'inscriptions « Bride to Be », on n'affuble pas la future mariée d'une banderole rose et d'une tiare brillante, et on n'oblige personne à s'habiller de manière clownesque. Pas plus qu'on n'invite un go-go dancer déchaîné : c'est un non définitif !

Une Parisienne ne vomit pas dans ses cheveux lors de son enterrement de vie de jeune fille. Alors oubliez les shots de vodka au mètre et les dessous en cuir rouge, privilégiez la sobriété et l'assurance.

Riley Keough Presley

UN SOUVENIR MARQUANT de ma carrière est la robe que j'ai créée pour Riley Keough Presley, la petite-fille d'Elvis Presley. C'était fou de me retrouver à Nashville, dans cette maison familiale étourdissante, avec ces trois générations de femmes : Priscilla, qui a été mariée à Elvis Presley, sa fille Lisa Marie, l'ex-épouse de Michael Jackson, et sa petite-fille.

La veille de notre rencontre, je me suis retrouvée dans un pub traditionnel entourée de sosies d'Elvis et j'ai mesuré l'étrangeté de la situation.

Quand je me suis rendue dans leur maison, il y avait tout un protocole à suivre, des dizaines de gardes du corps. À mon arrivée, tout a été fouillé, les tissus, les robes. J'étais très impressionnée. On m'avait expliqué qu'il ne fallait pas trop leur parler et que je devais éviter de les regarder dans les yeux. Je ne suis pas de nature « fan », et je comptais me plier au protocole sans trop me poser de questions. En réalité, elles m'ont accueillie avec tant de simplicité et de générosité que je me suis sentie très à l'aise. J'étais simplement face à n'importe quelles mère et grand-mère qui vont marier leur fille et petite-fille. J'ai même fini par passer Noël là-bas. C'était merveilleux, et cela restera toujours un moment particulier pour moi.

Riley est une des plus adorables jeunes femmes que j'ai été amenée à rencontrer, et l'amour qu'elle porte aujourd'hui encore à son mari est très pur et inspirant. Je me sens chanceuse d'avoir pu participer à son grand jour et d'avoir pu amener un peu de l'élégance parisienne jusqu'à Nashville.

III

LA BEAUTÉ

La robe

LA ROBE de mariée doit raconter l'histoire de la femme qui se marie : la petite fille et la jeune femme qu'elle a été, la femme qu'elle est aujourd'hui et celle qu'elle sera plus tard. L'enjeu est de trouver cet équilibre fragile qui la représentera et dans lequel elle se retrouvera en regardant les photos de son mariage des années plus tard. Le meilleur conseil que je peux vous donner, c'est de vous demander si la robe que vous avez choisie sera toujours « vous » lorsque vous regarderez vos photos dans vingt ou quarante ans.

C'est ma plus grande responsabilité. Rendre un destin lisible dans une robe. Cette démarche est très particulière. Notre robe doit raconter toute notre complexité et toutes les strates de la femme que nous sommes. C'est la raison pour laquelle elle est si difficile à trouver.

Il est assez récent que la robe de mariée soit de couleur blanche. C'est la reine Victoria qui a lancé cette mode en 1840. Auparavant, les femmes issues de milieux plus modestes se mariaient simplement avec leur plus belle robe ou avec une robe de couleur vive, car faire fabriquer des vêtements colorés revenait moins cher. La couleur argent, par exemple, était très répandue, tout simplement parce qu'à l'époque, le blanc était très difficile à nettoyer. Cela paraît bête, mais il n'y avait pas de machine à laver et rendre immaculée une robe blanche était compliqué et très coûteux.

MA RÈGLE DES TROIS

S

LA ROBE doit être
Simple,
Spectaculaire et
Sensuelle.

Concevoir des robes à la fois simples et spectaculaires a toujours été mon sujet. C'est très difficile à réaliser. Ce sont deux concepts qui peuvent paraître antinomiques, mais ils sont à la source de mon travail sur l'esthétisme et l'élégance. Il est beaucoup plus facile de réaliser une robe pleine de froufrous et de décorations qu'une robe fourreau simple et sublime qui ne supportera aucun défaut, ni de matière, ni de coupe, ni de montage.

Pour qu'une robe simple soit belle, elle doit être parfaite. Quand je parle de simplicité, je parle aussi de lisibilité. Pour bien raconter une histoire, il ne faut conserver que trois éléments : une introduction, un développement et une fin. C'est la même chose pour une robe. C'est ce qui fera qu'elle marquera les esprits et qu'on s'en souviendra. Si on y ajoute plus d'éléments, on perd l'essentiel ; si on en met moins, il devient très difficile de la décrire. Une robe ne peut pas comporter à la fois de la dentelle, un nœud, des boutons couverts, des perles et des volants. C'est trop. Ce n'est pas lisible. Il faut pouvoir la décrire en trois mots. Par exemple, une robe en satin peut avoir un dos nu, un nœud et des petits boutons couverts. Il ne doit pas y avoir d'autre élément identifiable. Pour moi, la simplicité, c'est l'ultime sophistication. Et la recherche de cette simplicité élégante constitue la base de mon travail.

Quand je dis spectaculaire, j'entends par là que l'on recherche l'effet «wow». Lors de son mariage, on veut créer un effet (sinon, on mettrait un jogging). On veut marquer les esprits. Celui de la personne qu'on épouse d'abord, mais aussi ceux des invités. On veut que notre apparition provoque une émotion. La robe de mariée est une robe unique, il faut qu'elle soit «remarquable». C'est cette recherche de l'extraordinaire qui est au fondement de sa conception.

Enfin, la robe doit être sensuelle. Selon moi, la sensualité doit être suggérée, pas montrée de manière évidente. Dans l'imaginaire collectif, c'est précisément un des talents de la Parisienne : elle parvient à évoquer sans montrer. Il y a de la sensualité dans des petits détails tels qu'un poignet ou un décolleté. Mais ce dernier n'a pas à être plongeant. La robe doit laisser deviner la rondeur de la poitrine, pas la dévoiler aux yeux de tous. Au XIXe siècle, les femmes posaient un peu de dentelle sur leur décolleté pour le couvrir, cela s'appelait une «modestie». Il faut donc savoir être modeste.

La sensualité de la matière est aussi primordiale. Il est très important de sentir la matière, de la comprendre. Elle doit être comme une seconde peau. Certaines femmes adorent le toucher du satin, d'autres le trouvent rédhibitoire. Certaines seront rassurées par la mousseline, d'autres par le coton. La connexion entre la matière et le corps fait partie de la beauté de la robe. Si on choisit sa tenue sur photo, il faut faire très attention : certains polyesters ont très belle allure sur les images, mais sont horribles au toucher. Il faut penser non seulement à la manière dont on se sentira dans la robe, mais aussi au fait que des centaines de personnes vont nous toucher, nous embrasser et nous serrer dans leurs bras toute la journée.

Autrefois, les jeunes femmes portaient souvent des petits chapeaux ou des coiffes à l'arrière desquels flottaient des rubans que l'on appelait des « suivez-moi-jeune-homme ». Ces rubans au vent étaient une invitation légère, une façon discrète de signifier une disponibilité de cœur. Je place souvent un ruban ou un nœud à l'arrière de mes robes en hommage au « suivez-moi-jeune-homme », car c'est une histoire que je trouve très émouvante.

MES CONSEILS

1. Gardez le tableau général à l'esprit. Porter une belle robe avec une coiffure affreuse, c'est dommage. La coiffure va effacer la robe, on ne se souviendra que de ça. Il faut trouver l'équilibre entre la robe, la coiffure, le maquillage et les accessoires.

2. Faites en sorte de vous sentir à votre avantage lorsque vous allez essayer des robes de mariée en boutique. Mettez des dessous couleur chair et apportez une paire de chaussures à talons de la même hauteur que celle que vous porterez le jour J.

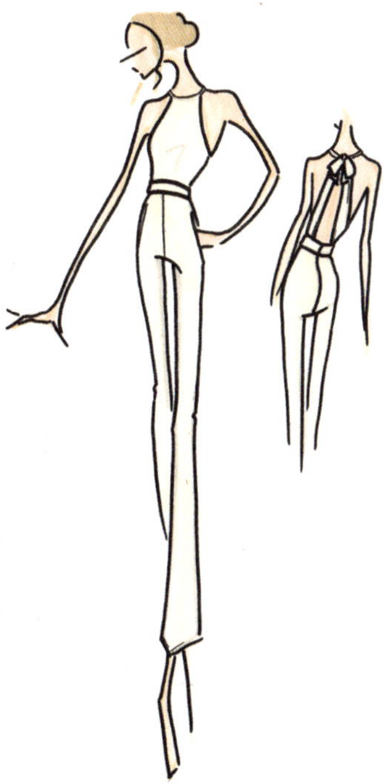

ANATOMIE DE LA ROBE

La règle des trois s'applique aussi à la structure de la robe, qui doit suivre trois lignes horizontales au maximum. Par exemple, si on porte une robe bustier avec une taille marquée et un ruban, il ne faut surtout pas mettre de collier. Sinon, il y aura un déséquilibre et le rendu final ne sera pas harmonieux. Il faut toujours réfléchir en termes de lignes.

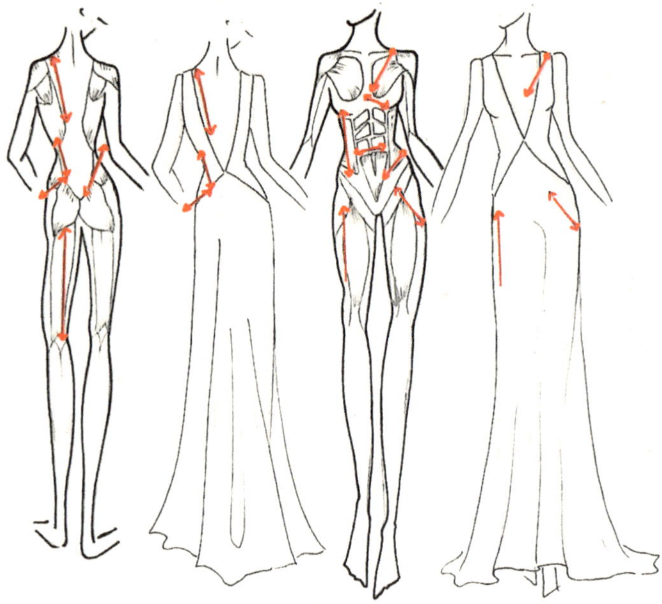

- Les muscles du corps suivent des lignes dynamiques.
- La robe doit suivre au moins trois lignes des muscles.
- Les lignes d'une robe deviennent parfaites lorsqu'elles suivent les lignes des muscles.

OÙ TROUVER SA ROBE DE MARIÉE ?

1. Chez un créateur de robes de mariée.
BUDGET : entre 1 500 et 4 000 €, voire beaucoup plus si on souhaite du sur-mesure ou si on se tourne vers la haute couture.
2. Dans le prêt-à-porter. Beaucoup de marques proposent aujourd'hui des robes blanches très jolies.
BUDGET : à partir de 150 €.
3. En location. Certains établissements proposent un service de location dont le coût varie en fonction de la robe que vous choisissez.
4. En seconde main. Certains sites internet se sont spécialisés dans les robes de mariée déjà portées (une seule fois, par essence). On peut y trouver des robes à moitié prix, voire beaucoup plus.
5. Le vintage. Si vous n'êtes pas superstitieuse, pourquoi ne pas vous marier dans une véritable robe de mariée des années 1920 ? Il vous faudra simplement trouver une couturière aguerrie pour réaliser des retouches sur des tissus parfois fragilisés, voire pour remplacer certaines pièces.

Si vous comptez choisir votre robe chez un créateur ou dans une boutique spécialisée, le premier essayage doit idéalement avoir lieu entre un an et huit mois avant le jour du mariage. Et si vous commandez une robe que vous n'avez pas pu essayer, sur un site internet par exemple, prévoyez un délai suffisant pour trouver une autre robe en cas de mauvaise surprise.

DO'S

– Aller aux essayages seule, avec un homme ou éventuellement avec sa témoin, mais pas plus
– Penser à emporter une jolie lingerie pour les essayages
– Imaginer sa robe dans trente ans
– Trouver la bonne teinte de blanc ou d'ivoire

DON'TS

– Aller aux essayages avec cinq amies
– Se conformer aux idées reçues (je suis grande donc je mets un bustier qui me boudine, je suis petite donc je porte du court, j'ai une poitrine généreuse donc je la montre)
– Essayer de ressembler à quelqu'un d'autre

LES TENUES DES BRIDESMAIDS

Dans les années 1920 et 1930, l'usage était que les bridesmaids soient toutes habillées de la même manière: ainsi, elles étaient facilement identifiables par les hommes qui cherchaient à se marier. Aujourd'hui, je ne conseille pas forcément d'assortir leurs tenues, pour la simple et bonne raison qu'elles n'ont pas toutes la même physionomie. En revanche, on peut s'entendre sur un thème, une couleur, un imprimé ou un accessoire commun.

Autrefois, c'était la mariée qui offrait leurs robes. C'était d'ailleurs le seul coût qui lui incombait directement. Dans la mesure du possible, je trouve qu'il est élégant de le faire plutôt que de forcer ses amies à engager ces frais. Il ne faut pas oublier qu'un mariage représente aussi un coût pour les invités. Donc, si on impose quelque chose, il est plus chic de l'offrir. La Parisienne pourra ainsi acheter les robes et les chaussures de ses bridesmaids, ou au moins un de leurs accessoires.

LA TENUE DES ENFANTS D'HONNEUR

Les accessoires

« Le choix de l'accessoire, par son importance même, demande un soin extrême, une espèce de précision mathématique. Il ne supporte aucun égarement. »
Maggy Rouff, La Philosophie de l'élégance, *1942*

LA RÈGLE DES TROIS

Dans les années 1920, le couturier Jean Patou parlait de « riens » pour désigner les foulards, les gants, les sacs, les parfums et autres accessoires, une manière subtile de suggérer qu'au contraire, ils sont tout.

Les accessoires doivent être choisis avec soin. La Parisienne applique toujours la règle du « *less is more* ». Coco Chanel disait : « Avant de partir de chez vous, regardez-vous dans le miroir et enlevez un accessoire. »

Globalement, il faut appliquer la règle des trois : si on choisit une paire de chaussures particulière, pailletée ou à nœuds, celle-ci devient un accessoire à part entière. Le voile est lui aussi un accessoire à part entière, tout comme les boucles d'oreilles voyantes.

LA TRADITION DES QUATRE SYMBOLES

Le jour J est aussi l'occasion de mettre en valeur une jolie tradition. La mariée doit porter :

quelque chose de vieux	quelque chose de neuf	quelque chose d'emprunté	quelque chose de bleu

Cette tradition est l'occasion d'impliquer les autres femmes de son entourage ou de sa famille dans la préparation.

Les Parisiennes apprécient ce genre de petites traditions qui ne sont pas religieuses, mais qui parlent d'histoires de femmes et de transmission.

L'objet ancien symbolise les liens de la mariée avec sa famille et la continuité. C'est souvent un bijou de famille ancien. Il peut aussi venir de la famille du marié ou de celle d'une amie. Cela peut également être un beau voile ancien ou une paire de gants vintage, des nappes anciennes brodées posées sur les tables de la réception, des décorations de table telles que des chandeliers en argent ou des couverts de service… J'aime particulièrement l'idée d'accrocher au bouquet un médaillon ancien qui contient la photo d'un être cher disparu. C'est une jolie manière d'exprimer une continuité familiale et d'honorer sa mémoire.

L'objet neuf représente tout ce qui va se créer à travers le mariage, le succès et l'abondance. Il s'agit souvent de la robe de mariée, mais cela peut aussi être la paire de chaussures ou un très joli ensemble de lingerie pour la nuit de noces.

L'objet emprunté est censé apporter chance et bonheur au nouveau couple. La tradition veut qu'il soit emprunté à une femme de votre entourage qui est heureuse dans son mariage, mais vous pouvez tout aussi bien choisir quelque chose qui vient de quelqu'un que vous aimez. Cela peut être un bijou, comme des boucles d'oreilles, un médaillon ou un bracelet qui appartient à votre grand-mère ou à votre mère, ou encore le voile d'une amie. J'aime l'idée que cet objet emprunté raconte votre lien avec une femme de votre entourage proche et qu'il vous ancre à une histoire. Le moment de l'échange peut faire l'objet d'une petite célébration.

L'objet bleu représente la fidélité et la pureté dans le couple. On choisit souvent un élément assez discret : un mouchoir avec les initiales des mariés brodées au fil bleu, des boucles d'oreilles ou une bague en saphir, des souliers en velours bleu-gris ou un kimono en soie bleu pâle que la mariée portera pendant la préparation, par exemple.

J'ai réinterprété cette tradition en cousant un bouton en nacre bleu dans la doublure de mes robes. Jadis, les couturières cousaient un de leurs cheveux dans les doublures des robes des mariées pour leur apporter de l'abondance et pour qu'elles aient des bébés. C'est l'intention qu'on met dans la robe de mariée qui est belle.

LA TRADITION DES QUATRE OBJETS

« Quelque chose de vieux »

bijou ancien

nappes anciennes pour la réception

kimono ancien pour la préparation

« Quelque chose de neuf »

robe de mariée

chaussures

lingerie

« Quelque chose d'emprunté »

voile

bijou appartenant à votre meilleure amie

la recette de votre cocktail préféré

« Quelque chose de bleu »

mouchoir brodé de fil bleu

saphir

kimono bleu

chaussures en velours

Les chaussures

LE PLUS IMPORTANT lorsqu'on choisit sa paire de chaussures, c'est l'attitude, la démarche. Si le pas est maladroit et saccadé, ce n'est pas glamour. Si vous n'avez jamais porté de talons hauts de votre vie, ne le faites pas pour la première fois le jour J, cela ne sera pas gracieux. Faites des choses que vous avez l'habitude de faire, que vous maîtrisez ! Les femmes qui marchent avec des talons de quinze centimètres tout le temps peuvent tout à fait en porter le jour de leur mariage, mais si ce n'est pas votre cas, c'est vraiment une mauvaise idée. En revanche, il est judicieux d'avoir des petits talons, parce qu'ils accentuent la chute des reins et donnent une démarche légèrement plus lente.

Pour le grand jour, le confort est primordial. Une mariée ne s'assied quasiment jamais, il faut qu'elle s'y prépare. Elle est très sollicitée et ses pieds sont mis à rude épreuve. Elle peut prévoir deux paires de chaussures : une très belle paire pour les photos et le début de la cérémonie, et une paire de rechange qui soulagera ses pieds et avec laquelle elle pourra danser.

La mariée française ne déteste pas l'idée d'être pieds nus. Si le mariage a lieu en été, dans le sud de la France par exemple, elle peut se retrouver pieds nus dans le sable. Cela peut être très sensuel, mais il faut bien sûr que ses pieds restent parfaits.

Quand on porte une robe longue, il faut essayer de ne pas mettre de sandales, car on risque de ne plus voir que les orteils. Il est préférable de porter des chaussures fermées à bout pointu ou rond (ou entre les deux). Pour les couleurs, on peut choisir du nude, de l'ivoire ou du blanc. Mais il faut savoir que la chaussure doit toujours être d'une teinte plus foncée que celle de la robe, jamais plus claire. Si on porte une robe ivoire, par exemple, il ne faut pas choisir des chaussures blanches. Je vous conseille de mettre des talons de cinq, sept ou dix centimètres maximum. Le talon devrait être fin à partir de six centimètres de hauteur; en dessous, il peut être un peu plus épais.

Par contre, si on porte une robe de longueur midi ou courte, on peut vraiment tout faire: sandales à brides, chaussures fermées, etc. L'erreur serait de vouloir trop accorder ses chaussures à sa robe.

Si la robe est en dentelle, il vaut mieux éviter de choisir des chaussures en dentelle. On peut opter pour des chaussures en velours, en daim, en satin ou en cuir. Il ne s'agit pas de chercher à assortir absolument tous les accessoires entre eux ou avec la robe (un chapeau à plumes orange avec un sac à main orange et une robe en satin orange, par exemple), mais de créer un tableau harmonieux, d'exprimer sa singularité et sa personnalité à travers l'ensemble de sa tenue.

Si on porte une robe courte, on peut l'associer avec des sandales féminines à double bride, c'est un incontournable qui fonctionne toujours parfaitement. Mais il faut rester vigilante au nombre de lignes qui structurent la silhouette générale. L'objectif est d'avoir le pied le plus court, le plus chic, le plus « invisible » possible.

LA HAUTEUR DE TALONS IDÉALE POUR SORTIR

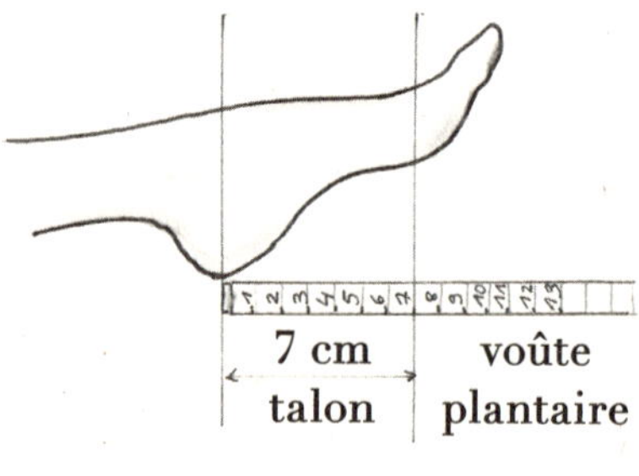

TROUVER LA HAUTEUR IDÉALE POUR VOS TALONS

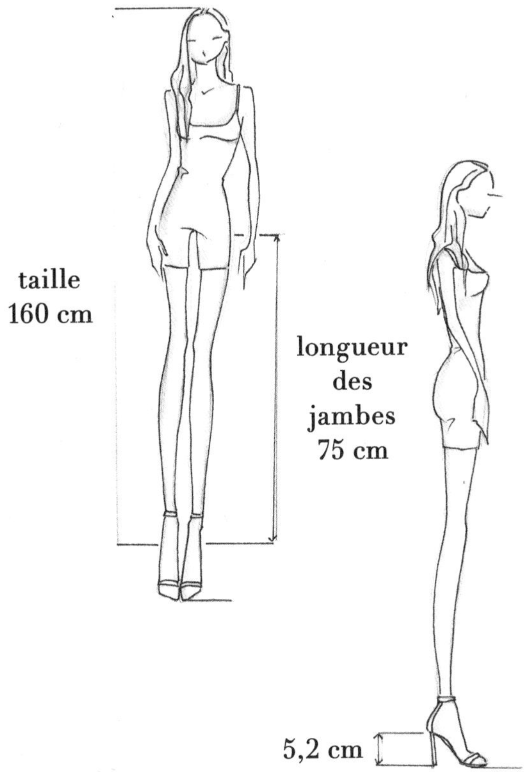

(taille / longueur des jambes – 1,61) × 10 = 5,2 cm

Par ailleurs, l'idée selon laquelle les chaussures « se font » avec le temps n'est pas vraie. Si on ne se sent pas bien dans une paire en magasin, il y a de grandes chances pour que ce soit aussi le cas le jour du mariage. Nous avons toutes des pieds et des cambrures différents. Il est nécessaire d'essayer les chaussures avant le jour J. Même si vous les trouvez sublimes, si vous n'êtes pas à l'aise, renoncez-y !

Au XIXe siècle, la courtisane Lola Montès a écrit dans son livre L'Art de la beauté *: « Un beau pied et une belle cheville sont la délicieuse promesse que le reste du corps est doté d'une grâce aussi exquise. [...] Une démarche caractérisée par un mélange de dignité et de vivacité offre un charme remarquable. Elle laisse au spectateur une impression durable des qualités de l'esprit qui éveillent le plus sûrement l'estime et l'admiration. »*

MON CONSEIL

Souvent, les chaussures neuves glissent, car leurs semelles sont complètement lisses. Donnez quelques coups de ciseaux – idéalement, sept coups en diagonale – sous les semelles avant de les porter, elles accrocheront davantage au sol et cela vous évitera toute catastrophe.

Les bijoux

IL EST RECOMMANDÉ d'utiliser les bijoux avec beaucoup de modération. En général, je conseille à mes clientes de mettre une paire de boucles d'oreilles : soit des petites perles de culture, car, comme le disait Coco Chanel, elles maquillent la peau, soit des petits diamants, soit de très fines créoles en or ou en argent ou des dormeuses pour éclairer le visage.

L'idée est d'apporter une petite touche de lumière à l'ensemble, mais le bijou ne doit pas prendre toute la place, sauf s'il fait partie des trois accessoires choisis. Il ne sert à rien de courir les magasins pour trouver à tout prix quelque chose à se mettre autour du cou. Encore une fois, c'est une question de lignes. Un collier peut ajouter à la robe une ligne qui n'est pas nécessaire. Selon moi, une gorge et des épaules nues, c'est déjà ravissant. On peut porter un collier s'il va vraiment bien avec la robe et qu'on préfère cette option aux boucles d'oreilles. C'est un choix à faire. Après votre passage à la mairie, vous porterez déjà une bague de mariage, donc, si on suit la règle des trois, il ne vous reste plus que deux autres accessoires à choisir.

MON CONSEIL

Ne mettez pas de bracelet au poignet gauche, car c'est le côté des bagues. Il doit rester épuré et élégant, surtout le jour du mariage. On a toute la vie pour porter beaucoup de bijoux.

Le voile

LA TRADITION DU VOILE DE MARIÉE remonte au temps des Romains. Les futures mariées portaient alors ce qu'on appelait le flamméum. C'était un voile en organdi léger qui leur couvrait partiellement le visage pendant la cérémonie et qui était porteur de bons présages. Dans certaines cultures, le voile couvrait même complètement le visage de la mariée. C'était un moyen d'éviter que les mariés qui n'avaient encore jamais vu leur promise ne s'en aillent avant que l'union ait été scellée. C'est très drôle quand on y pense.

Au Moyen Âge, le voile se composait de plusieurs couches de lin, très loin du tulle de nos jours. Il était fixé par des petits fils d'or qui représentaient l'abondance. Le voile était censé protéger la mariée du mauvais œil.

Personnellement, j'ai toujours adoré les voiles. À mes yeux, c'est probablement le plus grand symbole de la mariée. Il existe une tradition que je trouve très jolie et qui consiste à mettre son voile de mariée sur le berceau de son bébé pour lui porter bonheur. C'est un objet que l'on a envie de garder et qui symbolise la protection qu'on apporte à son enfant. J'en parle souvent à mes mariées, elles adorent l'idée.

LES TYPES DE VOILES PARISIENS

mantille
à la
longueur
des épaules

voile
années 1920
à la longueur
des doigts

voile double
bordé de dentelle
de 20 cm
plus long
que la robe

voile
en dentelle
de 50 cm
plus long
que la robe

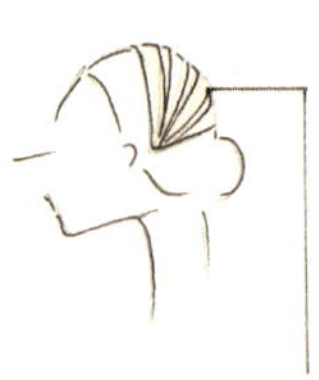

coiffe
en tulle
de soie

Aujourd'hui, de nombreuses femmes ne veulent plus porter de voile, mais comme j'aime beaucoup cette pièce du trousseau, j'ai réfléchi à des alternatives depuis le tout début de ma carrière. J'ai créé un petit top en dentelle qui rappelle la notion de pudeur et qu'on enlève après la cérémonie, comme le voile. Cette idée a beaucoup été reprise. On peut aussi placer une petite voilette ou une fleur fraîche dans ses cheveux.

Les voiles sont souvent faits de tulle de soie bordé de dentelle. Il existe aussi des modèles tout en dentelle (de Calais ou de Caudry) et des voiles tout simples en tulle ivoire ou blanc. Le voile peut être de la même teinte que la robe ou légèrement plus foncé, mais, comme les chaussures, il ne doit jamais être plus clair.

La lingerie

ABANDONNONS D'EMBLÉE un cliché : concernant le jour du mariage, la lingerie affriolante est un mythe. Il faut choisir une lingerie confortable, flatteuse, mais aussi et surtout invisible. Il n'est vraiment pas élégant de laisser voir sa lingerie en transparence sous sa robe de mariée. Pour qu'elle soit absolument indétectable, elle doit être de la même couleur que votre peau. Ne vous tournez pas simplement vers une teinte que vous avez trouvée belle sur un mannequin. C'est un aspect basique, mais néanmoins très important.

MON CONSEIL

Le jour J, enlevez votre soutien-gorge au moins quatre heures avant la cérémonie, ces instruments de torture peuvent laisser sur la peau des marques disgracieuses qui mettent du temps à s'effacer.

Le bouquet

LE BOUQUET ne doit pas être trop gros. Un bouquet énorme a tendance à prendre beaucoup de place sur les photos et à cacher la mariée, on ne voit plus que lui. Il devient un personnage à part entière, alors qu'il doit rester un simple accessoire. Un gros bouquet peut aussi être très lourd. Il sera difficile pour la mariée de porter son bouquet de manière naturelle et élégante s'il pèse deux kilos.

MON CONSEIL

Évitez les fioritures. Le pire étant la dentelle. Il faut rester simple, simple et simple.

Le bouquet parisien typique est plutôt petit, rond et a un côté « champêtre sophistiqué ». Je trouve qu'il est joli d'ajouter dans son bouquet un élément qui raconte son histoire : par exemple, un brin de mimosa si on vient de Nice, de la glycine si on est née dans un petit village anglais ou un protéa si on a des origines sud-africaines. Le bouquet ne sera que plus chic s'il est porteur d'un souvenir.

La règle des trois s'applique aussi au bouquet. Il ne faut pas mélanger plus de trois fleurs. Ne conservez pas trop de feuillages, cela alourdit la composition. Les fleurs que je recommande souvent à mes mariées, en fonction de la saison bien sûr, sont les pois de senteur, les pivoines, les hortensias, les roses, les fleurs de cerisier ou de prunier et les lys des champs. J'aime également la fleur d'oranger, qui symbolise la fertilité, et la myrte, qui était autrefois considérée comme une fleur sacrée et qui symbolise Vénus, la déesse de l'amour. On peut aussi se renseigner sur le langage des fleurs pour donner du sens à chaque élément. Il existe énormément de livres sur le sujet. Les faire-part de jadis étaient souvent décorés de plantes à valeur symbolique : la marguerite pour l'innocence, les épis de blé pour la fertilité et la richesse, le myosotis pour l'amour véritable, le laurier pour le triomphe de l'amour, le gui pour les baisers, le chêne pour la force, la pensée, qui signifie « je ne pense qu'à toi », la rose pour tous les aspects de l'amour, le chardon pour les plaisirs et les peines de l'amour...

La décoration florale du mariage peut être différente du bouquet, mais il est tout de même très chic de les relier par un ou deux éléments.

Essayez de choisir des fleurs et des feuillages en rapport avec le lieu où vous allez vous marier. C'est un des ingrédients de l'élégance. Construire un thème autour de l'olivier peut être très chic si le mariage a lieu en Provence, beaucoup moins s'il est célébré en Norvège. Restez authentique et racontez votre histoire !

FAIRE UN BOUQUET QUI A DU SENS

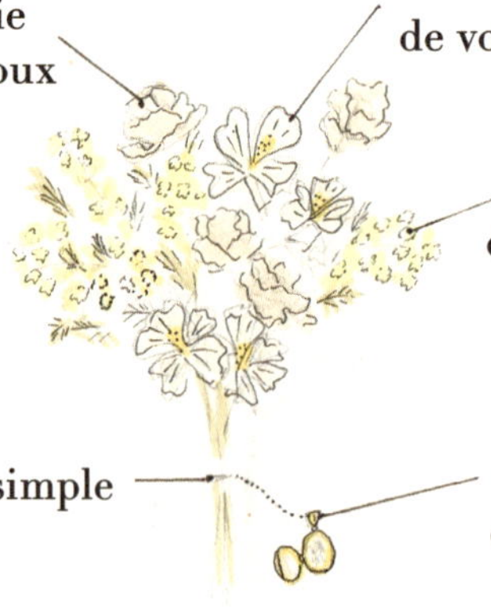

Le bouquet de mariée existerait depuis le Moyen Âge. Jadis, les femmes confectionnaient des bouquets de fleurs d'oranger, symbole de pureté, pour le jour de leur mariage. À une époque où peu de personnes pouvaient s'offrir des onguents ou du parfum, la fleur d'oranger, très odorante, était aussi un moyen de sentir bon.
Autrefois, la taille du bouquet indiquait la taille de la cérémonie. Quand on voit un énorme bouquet sur une photo de mariage d'époque, cela veut dire qu'il s'agissait d'un événement très fastueux, en grande pompe. C'était un signe de richesse et de reconnaissance.

La coiffure

POUR LE MARIAGE, première règle : la coiffure doit être travaillée et sophistiquée, mais on n'a certainement pas à arborer un triple chignon. Et attention à la nouveauté ! Testez votre coiffure avant le jour du mariage, que vous fassiez appel ou non à un coiffeur. Le mieux, selon moi, c'est d'apprendre à faire sa coiffure seule, avec l'aide de ses amies. À moins d'organiser un mariage traditionnel en grande pompe et de faire venir son coiffeur habituel.

La coiffure est un élément essentiel de la mariée : si elle est ratée, cela peut complètement ruiner l'ensemble. Elle fait partie intégrante du résultat final. Les lignes de la coiffure doivent suivre les lignes de la robe. Qu'on ait une coupe au carré, une queue de cheval ou les cheveux lâchés, tout doit être en proportion avec la robe. C'est pour cela qu'il vaut mieux faire ses essais de coiffure une fois qu'on a choisi la robe ou au moins ses lignes directrices (des bretelles, un col rond, un bustier, un dos nu…). Une bonne technique est de se faire coiffer par un très bon coiffeur, à Paris par exemple, de prendre des photos, puis de vérifier si cela va avec la robe.

Le shampoing doit être fait la veille, jamais le jour J, pour que les cheveux se tiennent mieux. Les mariées parisiennes optent souvent pour un wavy naturel. Le cheveu est texturisé et des boucles légères sont créées dans un sens et dans l'autre pour donner à l'ensemble un côté « coiffé-décoiffé » typiquement parisien. La Parisienne peut aussi choisir une coiffure « attachée-détachée », c'est-à-dire des cheveux lâchés avec quelques mèches relevées ou un chignon avec des mèches lâchées pour adoucir le visage. Le chignon bas avec une raie au milieu est toujours efficace et chic, il donne un ravissant côté « petit rat de l'Opéra ».

Évitez aussi de mettre trop de choses dans vos cheveux, comme des barrettes brillantes, des diadèmes ou d'autres bijoux de cheveux. Vous pouvez en revanche opter pour une fleur fraîche, en fonction de la saison ou du voile. Globalement, la coiffure doit rester simple et naturelle.

Le plus important est de rester proche de soi. Ce serait dommage de vous faire lisser les cheveux pour qu'ils soient très raides le jour de votre mariage alors que vous avez les cheveux frisés d'habitude. De manière générale, évitez tout essai hasardeux, comme vous faire une frange pour le grand jour alors que vous n'en avez jamais porté.

La coiffure doit faire partie d'un tout. Cela ne sert à rien de faire des dizaines de *moodboards* pour la coiffure, la robe, les chaussures… Le *moodboard* n'a de sens que si tout va ensemble. Le plus important est de trouver une harmonie entre les éléments qui constitueront votre tenue, sachant que la coiffure en fait pleinement partie.

LES CHIGNONS DE MARIÉE

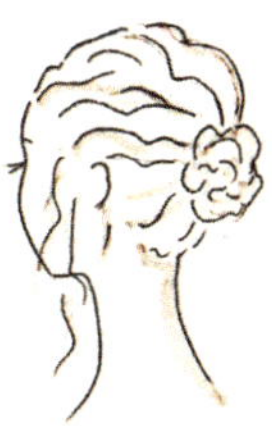

Bohème haut

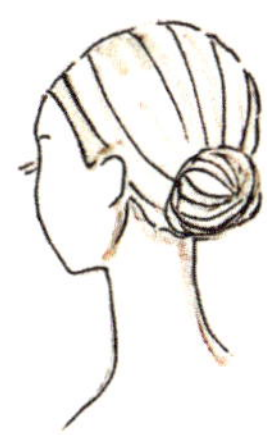

Ballerine

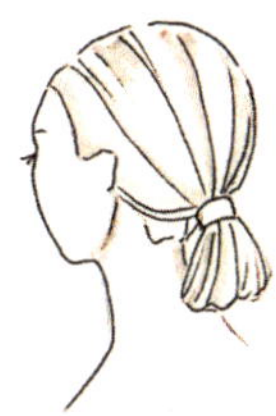

Demi-lune

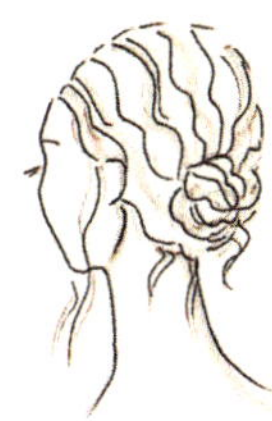

Bohème détaché

Coiffure 70's

MES CONSEILS

- L'un des meilleurs conseils capillaires que l'on m'ait confiés me vient de la tante d'une de mes amies qui vivait en Inde, dans l'Himalaya. Tout se résume au brossage. Investissez dans une très bonne brosse en poils naturels. Le brossage permet d'enlever un maximum d'impuretés sans agresser les cheveux avec une infinité de shampoings et de sérums, de resserrer les écailles sur toute la longueur du cheveu et de stimuler le cuir chevelu. Elle recommandait également de se rincer les cheveux jusqu'à sentir une sorte de crissement. C'est le signe qu'ils sont bien débarrassés de toute impureté. Je suis toujours cette méthode. Je me brosse bien les cheveux avant de les laver, puis je les mouille longuement avant de commencer le shampoing.
- Si les cheveux sont très secs, on peut leur appliquer un sérum ou du jus de citron et les enrouler dans une serviette pour les laisser sécher.
- Peaufinez votre coiffure à la brosse à dents. Cela peut paraître un peu bizarre, mais c'est génial. Mettez-y un tout petit peu de laque pour dompter les petits cheveux qui frisent.
- Une autre astuce est de détourner le shampoing sec pour texturiser les cheveux et obtenir facilement un aspect wavy. En plus, ça sent bon !

DO'S

- Faire sa couleur ou son balayage trois semaines au moins avant le jour J
- Utiliser du shampoing sec
- Rincer ses cheveux à l'eau froide pour tonifier le cuir chevelu et refermer les écailles

DON'TS

- Poser des extensions
- Se laver les cheveux tous les jours

Delphine Manivet
COUTURE

Le maquillage

LÀ ENCORE, ne faites aucune tentative farfelue le jour J. Il faut réaliser des tests en amont. Même si se faire maquiller et coiffer par des professionnels fait partie du rêve de certaines, réaliser soi-même des choses simples est ce que je préconise. Si on n'est pas complètement sûre de sa maquilleuse, il vaut mieux réaliser son maquillage seule ou confier cette tâche à une amie douée en qui on a confiance.

N'oubliez pas que le mariage est un jour vivant, rempli d'émotions. La mariée peut pleurer ou être embrassée, il faut donc éviter de mettre trop de fond de teint. Si vous retirez les traces de rouge à lèvres laissées sur vos joues par vos tantes, vous pourriez vous retrouver avec des trous disgracieux. L'idée est d'avoir un maquillage naturel, dans des teintes semblables à celle de vos ongles (rosé, pêche ou corail). Il n'est pas recommandé de tenter des choses avec des couleurs criardes.

LE MASSAGE MAKE-UP

La préparation de la peau est essentielle avant la pose du maquillage. Munissez-vous de trois pinceaux : un pinceau plat assez large, un pinceau fluffy semblable à ceux qu'on utilise pour appliquer du fond de teint et un pinceau fluffy plat.

Utilisez le pinceau plat large pour mettre votre crème pour les yeux.

Avec le pinceau fluffy rond, appliquez une base très hydratante sur les zones les plus sèches de votre visage (en général, elles vont des côtés de

la mâchoire jusqu'aux tempes ; n'oubliez pas les contours des yeux et du nez).
Avec le pinceau fluffy plat, appliquez enfin un primer antibrillance pour matifier et réduire les pores. Concentrez-vous essentiellement sur la zone T : le bas du front, l'espace entre les sourcils, la face intérieure des yeux, les paupières, les contours du nez (mais pas l'arête), les contours de la bouche et le menton.
À l'aide d'une brosse à dents propre réservée à cet usage et ayant idéalement un manche en bois, brossez-vous vigoureusement les sourcils et peignez vos cils.
Avec un baume à lèvres, massez vos lèvres de l'extérieur vers l'intérieur, sans oublier la pulpe intérieure.
Avec le doigt, posez un peu de blush crème sur le haut des pommettes, les paupières, les lèvres, le haut du front, le menton et le bout du nez.
S'il est fait soigneusement, le massage make-up peut être suffisant pour sortir.

La veille du mariage, on peut faire un gommage et un masque, puis masser sa peau avec un sérum et appliquer une crème. Mon secret est de bien faire pénétrer la crème en la laissant poser pendant quelques minutes avant d'appliquer le maquillage. Cela permet de repérer les zones de brillance suffisamment hydratées, qu'on peut ensuite éponger avec un coton ou une petite éponge.

Il n'y a pas de règles universelles en ce qui concerne le maquillage. Nous avons toutes des visages différents. Le plus important est donc de bien comprendre son visage, de savoir s'observer et d'apprendre à rééquilibrer les proportions s'il le faut.

J'aime aussi l'idée du « no make-up make-up ». Je trouve cela formidable de laisser apparaître ses taches de rousseur, de garder ses sourcils épais s'ils le sont naturellement.

La Parisienne ne met pas ou peu de fond de teint. Elle préfère utiliser de la crème hydratante et un peu d'anticernes en se concentrant sur les endroits où elle a de petites imperfections, comme la zone des cernes, les contours du nez... On peut mettre une touche d'anticernes plus clair aux extrémités des yeux, là où une petite ligne de fatigue rouge se forme parfois, ou aux commissures des lèvres, où il peut y avoir des ombres. Cela éclaire tout de suite le visage.

Il est donc essentiel de trouver le bon anticernes, et surtout celui qui a la couleur la plus proche de celle de votre visage. Cependant, la peau du visage est composée de plusieurs teintes. C'est aussi pour cela qu'on ne la recouvre pas d'une couche de fond de teint uniforme, cela donne un effet « carton ». Essayez d'avoir au moins deux teintes d'anticernes pour le visage. Cela permet à la fois de corriger les imperfections et d'apporter de la lumière.

La poudre de soleil et le blush sont des incontournables du maquillage à la française. Si on a naturellement un joli teint, on n'a besoin de rien d'autre. La Parisienne préférera souvent au « contouring » l'utilisation d'une poudre bronzante pour rapetisser un front trop grand ou affiner un menton.

On peut aussi ajouter du mascara ou se dessiner un très fin trait d'eyeliner. Je mets souvent du mascara à sourcils transparent sur mes cils pour qu'ils se tiennent joliment. En revanche, la Parisienne ne met pas beaucoup de fard à paupières, et surtout, elle le dégrade. L'idée est de garder un air naturel et de ne pas montrer les efforts qu'on a faits pour se maquiller.

Les sourcils peuvent être légèrement redessinés avec une pince à épiler, mais je dis toujours à ma fille d'utiliser cet outil avec parcimonie : si on les épile très souvent quand on est jeune, il arrive qu'ils ne repoussent plus par la suite. C'est vraiment dommage de perdre cette densité qui structure le visage. Toutefois, il est possible d'éclaircir ses sourcils d'une ou deux teintes maximum, cela peut adoucir le visage de manière très impressionnante.

Lorsqu'on se maquille, il est très important de s'observer et notamment de regarder la ligne d'implantation de ses cheveux. Elle est souvent différente du côté droit et du côté gauche. On peut bien le comprendre en utilisant un miroir triptyque. La ligne des cheveux modifie considérablement la forme du visage. On peut la travailler avec une brosse à dents et chercher ce qui nous va le mieux.

LE « PARISIAN GLAM »

À mon sens, le maquillage à privilégier est celui que j'appelle le « Parisian Glam ».

Après le massage make-up, appliquez avec un pinceau fluffy du correcteur entre vos sourcils, sur l'arête et les contours de votre nez, les bords externes de vos yeux, le haut de votre lèvre supérieure, les commissures de vos lèvres et votre menton, puis pointez plus précisément les imperfections à l'aide d'un tout petit pinceau.
Avec une éponge à maquillage, déposez une poudre transparente sur votre zone T et votre mâchoire.
Mettez ensuite de la poudre bronzante sur votre cou, vos maxillaires, le haut de vos pommettes et le haut de votre front avec un gros pinceau.
Recourbez vos cils (qui auront au préalable été peignés), puis appliquez du mascara transparent sur tous vos cils et du mascara noir seulement à l'extrémité de vos cils supérieurs.
Appliquez un fard à paupières légèrement pêche, rosé ou brun clair sur la partie mobile de votre paupière. La partie supérieure doit quant à elle rester large et dégagée. Illuminez l'intérieur de vos yeux par une touche d'éclat.
À l'aide d'un crayon marron, dessinez un très léger œil de biche dans l'exacte ombre naturelle de l'extrémité de vos cils, seulement à partir des trois quarts de l'œil. Faites de même pour le ras de cil inférieur.
Choisissez un enlumineur liquide subtil. Posez-en une microgoutte sur l'arête de votre nez, puis étirez-la et utilisez le surplus sur le haut de vos pommettes et de vos arcades sourcilières.
Enfin, si vous le souhaitez, appliquez un peu de rouge à lèvres et estompez-le avec un mouchoir (attendez, vous allez tout savoir sur la manière de trouver la teinte la plus adaptée à votre visage !).

- Une amie de ma mère m'a donné un excellent conseil pour le maquillage des lèvres. Elle faisait son rouge à lèvres elle-même et avait toujours une bouche superbe. Son secret était de chercher la couleur qui s'approche le plus de la couleur du téton. J'ai retrouvé ce conseil dans l'un des ouvrages de la courtisane Lola Montès. Notre corps est très bien fait, il suffit de savoir se regarder. J'ai fait le test avec beaucoup de mes amies, et ça fonctionne parfaitement! Pour obtenir cette couleur parfaite, il faut en général mélanger deux ou trois rouges à lèvres, il est assez rare de la trouver directement sur le marché.
- On peut utiliser cette même teinte pour les joues et les paupières. Mais aussi, pour se donner bonne mine (comme quand on sort d'une séance de sport ou d'une journée au ski ou au grand air), sur le bout du nez, le haut du front et le menton, aux endroits où le soleil colorerait naturellement notre peau. Cela donne un air de fraîcheur et de bonne santé, ce qui est parfait pour le jour du mariage.
- Il est aussi important de créer des touches de lumière sur son visage. Il existe beaucoup d'excellents enlumineurs. On peut en mettre un peu sur le haut des pommettes, l'arc de Cupidon et l'arête du nez. L'idée est de capter et de refléter la lumière qui se dépose naturellement à ces endroits.
- Pour avoir le plus beau regard possible, il faut sourire avec son ventre, son âme et son cœur. Les yeux s'illuminent de l'intérieur grâce à cette intention et à la tendresse que l'on a en soi. Sourire de cette manière, c'est dire je t'aime sans un mot.

– Un des accessoires que toute femme devrait avoir en sa possession, c'est un bon recourbe-cils. Cela demande d'investir un peu, parce que les modèles en plastique peuvent vraiment abîmer les cils. Les machines chauffantes sont également à bannir. Les femmes qui ont très peu de cils peuvent utiliser des faux cils, mais attention, il ne faut en poser qu'un ou deux sur l'extérieur de l'œil. N'utilisez jamais la frange entière !
– Investissez dans une palette de bons pinceaux. Ils dureront toute une vie. Quand on a les bons outils, on peut tout réussir. D'ailleurs, poser ses crèmes de soin au pinceau permet à la peau de bien s'imprégner des produits.

DO'S

– Éclaircir ou foncer la teinte de ses sourcils en fonction de sa carnation
– Avoir un excellent recourbe-cils

DON'TS

– Se faire tatouer les sourcils
– Agrandir outrageusement ses lèvres avec un crayon foncé
– Mettre beaucoup de fond de teint

Préparer son corps

VOTRE MARIAGE approche et vous voulez avoir un corps de rêve. Être la plus belle le jour J. Vous vous mettez en tête de faire des régimes, des cures, d'avaler des potions magiques, pour ressembler à… à quoi et à qui, au juste ?

LES RÉGIMES

Depuis que j'ai commencé à faire ce métier, j'ai vu des femmes de tous horizons tenter des choses diverses pour parvenir à leur but, ressembler à leur idéal le jour de leur mariage. Je crois avoir compris ce qui marche et ce qui ne marche pas. Certaines femmes essayent des régimes qui consistent essentiellement à s'affamer : régime mono-alimentaire, hyperprotéiné ou liquide, voire jeûne total. D'après mon expérience, ça ne fonctionne pas, en tout cas, ça ne dure pas.

La Parisienne pratique un régime beaucoup plus efficace, que j'appelle le régime « *regenerate* ». Il s'agit d'aligner le corps et l'esprit. Pendant les préparatifs de leur mariage, les futures mariées sont très sollicitées, elles n'ont pas le temps de réfléchir, elles sont stressées. L'enjeu est que le corps fonctionne de manière aussi intensive que l'esprit afin que l'esprit soit apaisé. Seule l'activité physique permet de trouver cet équilibre. Je recommande surtout le Pilates, notamment pour les femmes qui ne sont pas habituées à faire du sport.

En d'autres termes, privilégiez la lenteur. C'est le fil conducteur de ce livre et ma principale invitation. Au *slow wedding* correspond le *slow diet* : retrouver la conscience de son corps et le laisser un peu tranquille.

Pour entrer dans le vif du sujet, une des choses qui fonctionnent le mieux, à mon sens, c'est le jeûne intermittent. Je le pratique moi-même de manière très naturelle. Cette méthode permet de laisser le corps se reposer et se régénérer. Il a besoin de calme et de ne pas produire d'énergie pour parvenir à digérer correctement. Ne pas ingérer de nourriture entre 23 heures et 14 heures, par exemple, est un bon début. Cela correspond d'ailleurs au train de vie de la Parisienne, qui se contente souvent d'un café noir le matin. La journée d'une Parisienne est une lente montée en énergie, en créativité et en relations sociales. Lorsqu'elle s'attarde pour un apéritif avec ses amies ou un dîner, elle prend son temps. Elle ne boit pas une bière debout au bar en sortant du travail. Quand on décide d'aller boire un verre, on le fait bien. On s'assied pour partager quelque chose. Un moment entre amis. Une célébration. La notion de partage est fondamentale dans l'art de vivre à la parisienne. De la même manière, lorsqu'on dîne, on s'assied, on parle, on discute. Cette façon de concevoir le repas participe grandement au fait que les Parisiennes gardent la ligne. Elles ne grignotent pas. D'ailleurs, la Française ne mange pas, elle déjeune ou elle dîne.

Un des meilleurs conseils que j'aie reçus me vient d'une grand-mère qui vivait dans le Sud, sur les hauteurs de Nice. C'était une femme extrêmement coquette et très belle. La première chose qu'elle faisait chaque matin était de se rincer la bouche avec de l'huile d'olive. Elle m'a expliqué que, pendant la nuit, le corps travaille et rejette tout ce qui n'est pas bon pour lui, trop lourd à digérer. Tous ces fluides se déposent sur notre langue, dans nos narines et même dans nos yeux. Tout remonte par nos voies naturelles. On entend souvent dire que le premier geste de beauté, c'est de boire un grand verre d'eau le matin : c'est une grande erreur, car cela remet à l'intérieur de notre corps tout ce qu'il a passé la nuit à essayer de rejeter.

Bien sûr, en fonction de l'endroit où on se trouve, on ne peut pas utiliser d'huile d'olive tous les jours, mais se rincer soigneusement la bouche, les narines et les yeux avec de l'eau tiède ou faire un bain de bouche marche aussi très bien.

LA RECETTE DU BOUILLON DE POULE POUR L'ÂME

Pour deux petits bols : Faites bouillir l'équivalent de deux bols d'eau, ajoutez-y un carré de bouillon de volaille et un demi-carré de bouillon de légumes, une petite quantité de vermicelles, une pincée de gros sel et saupoudrez de coriandre. Baissez le feu et remuez de temps en temps avec beaucoup d'amour. Ajoutez, si vous le souhaitez, du fromage râpé et des croûtons à l'ail.

CE QU'UNE PARISIENNE COMMANDERAIT AU RESTAURANT

– Si elle a besoin de réconfort : une soupe à l'oignon et une petite assiette de frites.
– Si elle sait qu'elle doit faire attention : une omelette simple avec une salade verte, un Perrier citron et un café sans sucre.

LE RÉGIME SANS MIETTES

C'est une bonne astuce, et elle est simp[le] à retenir : évitez tous les aliments qui font des miettes (le pain, les croissants, les biscuits, etc.)

DO'S

– S'asseoir pour se nourrir ou boire un verre et célébrer ces moments
– Pratiquer le jeûne intermittent
– Faire un bain de bouche le matin
– Faire du Pilates, du yoga
– Faire attention à son microbiote : pendant le confinement, nous avons perdu beaucoup de bactéries car nous avons vécu dans un monde aseptisé, je recommande d'aller dans la nature et de laisser faire quelque temps

DON'TS

– S'affamer
– Jeûner pendant une longue période
– Faire un régime mono-aliment
– Grignoter
– Boire seule une bouteille de rosé

LA PEAU

Tout commence et finit par la peau. Et je remarque qu'en prévision du jour J, de nombreuses femmes sont prêtes à essayer des choses plus ou moins extravagantes – injections, Botox et *tutti quanti*. Je ne saurais assez le déconseiller. N'essayez surtout pas de nouveaux gommages ou de nouvelles crèmes la veille du mariage. Si vous voulez tester quelque chose de nouveau, faites-le au minimum quinze jours avant le jour J : on ne sait jamais comment la peau peut réagir. La seule chose que l'on peut faire la veille du grand jour, c'est un massage doux du corps et du visage. Et à ce stade, évidemment, on abandonne toute idée incluant UV, lifting ou autobronzant.

Le jour J, on peut commencer par un massage finlandais, puis se mettre un peu de crème sur le visage, les bras et les jambes. Mais pas sur la poitrine, les épaules ou le ventre ! La peau ne doit pas être trop hydratée aux endroits où la robe est près du corps pour éviter la macération. On peut en revanche y mettre du talc. N'appliquez surtout pas de crèmes ou d'huiles brillantes, qui provoqueront inexorablement transpiration et glissements.

LE MASSAGE FINLANDAIS

Cette technique m'a été enseignée par une artiste qui vit à Helsinki et qui est devenue mon amie. Elle est pratiquée depuis des générations en Finlande. Ce massage du visage avec les doigts va à l'encontre des modes actuelles, qui recommandent d'utiliser des pierres régénérantes ou des sérums en tous genres. Il est à la portée de toutes.

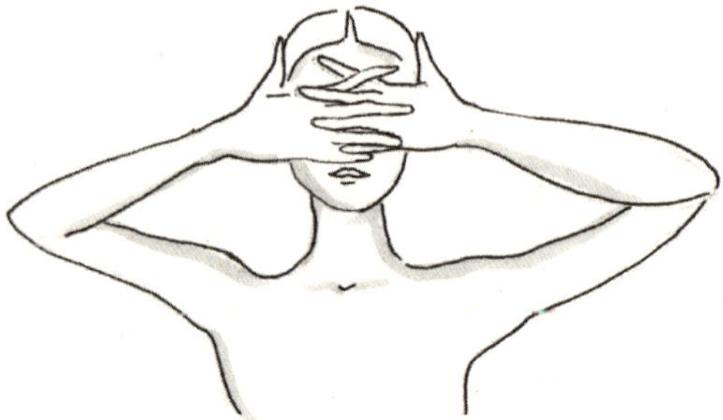

Croiser ses doigts,
puis poser ses mains sur ses yeux

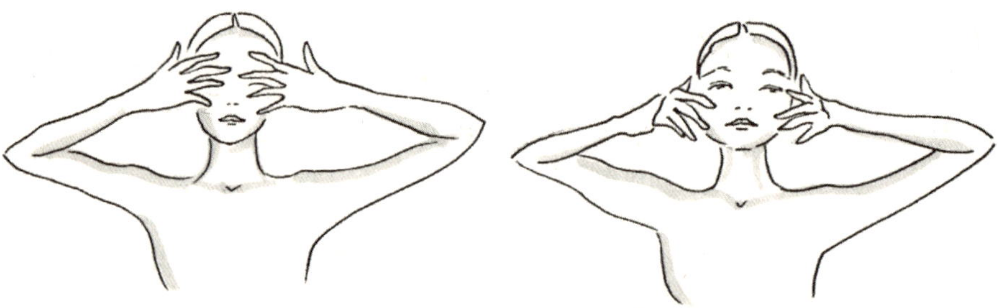

Effectuer une pression
et étendre sur les côtés du visage

Si la peau reste rouge à certains endroits (entre les sourcils, aux commissures des lèvres, autour du nez ou sur le menton, par exemple), c'est le signe qu'elle est déshydratée et qu'il faut continuer à la stimuler avec le massage d'étirement jusqu'à ce que les rougeurs s'estompent.

– Le premier conseil me vient de mon amie finlandaise. Beaucoup de Finlandais habitent près de lacs où ils vont se « régénérer ». Ils ont une approche holistique du corps et de la beauté. En hiver, ils alternent saunas et bains dans les lacs gelés. Mon amie m'a expliqué qu'il faut arrêter de nourrir la peau alors qu'elle a en elle tout ce qu'il lui faut pour se régénérer naturellement. On nous encourage à nous hydrater et à nous couvrir de crème du matin au soir. Or, enduire continuellement la peau de produits la rend très paresseuse : elle ne sait plus rien faire d'elle-même, puisqu'on ne lui en donne pas la possibilité. Elle m'a donc conseillé de faire des cures de « rien » pendant trois jours. Je l'ai expérimenté avec elle en Finlande. Nous sommes allées au sauna, au lac, et rien d'autre. La peau tire un peu au départ, mais ça passe très vite. L'hydratation naturelle et la souplesse reviennent très rapidement. Je pense que je n'ai jamais eu une aussi belle peau. Quand je peux recommencer cette cure, je le fais sans hésitation : soit lors d'un séjour à la campagne, soit à Paris quand j'ai un peu de temps. Je laisse ma peau pendant trois jours et elle retrouve son éclat.
– Un autre conseil que je trouve formidable est donné par la courtisane Lola Montès. Dans *L'Art de la beauté*, elle explique qu'il faut avoir une petite serviette blanche pour le visage et une serviette moyenne pour le corps. L'idée est de ne pas laisser l'eau sécher sur sa peau. Après s'être lavée, la meilleure chose à faire, c'est de se frictionner vigoureusement le visage, le cou et le corps pour en retirer toute l'eau. La serviette de bain devient un produit de beauté, un outil indispensable. Elle doit toujours être très propre. On peut ensuite masser son visage pour le rendre prêt à recevoir un soin. La friction est un des plus

grands secrets de beauté depuis le XVIIIe siècle et, pour la pratiquer moi-même depuis des années, je peux témoigner de son efficacité.

– Ma grand-mère m'a transmis son amour pour la Crème de Huit Heures d'Elizabeth Arden. C'est la seule que j'utilise. Je l'emporte toujours en voyage. C'est une crème extrêmement riche qui soigne absolument tout : les brûlures des enfants, les bobos, les lèvres gercées… C'est une véritable cure de jeunesse. Parfois, je dors avec une couche épaisse de cette crème sur le visage, et au réveil, ma peau est magnifique. C'est une crème un peu ancienne, et son odeur peut paraître un peu bizarre, mais toutes les femmes devraient l'avoir dans leur salle de bain selon moi.

– Enfin, un dernier conseil de bon sens : si vous le pouvez, dormez ! La Parisienne ne se lève pas à 4 heures du matin pour faire du yoga, boire des jus détox et répondre à ses mails avant de mettre de l'ordre dans son appartement. Le sommeil est l'un des plus grands secrets de beauté.

RITUEL DU MATIN

– Se rincer le visage à l'eau froide
– Utiliser un coton et de l'eau micellaire
– Faire le massage finlandais à l'aide d'une huile légère ou d'un sérum vitaminé
– Masser l'arrière de ses oreilles, car ce sont elles qui soutiennent tout le bas du visage
– Appliquer une crème de jour contenant si possible des anti-UV
– Faire le massage make-up (voir p. 109-110)

RITUEL DU SOIR

– Se rincer le visage à l'eau tiède
– Utiliser un nettoyant moussant
– Faire le massage finlandais avec la Crèr de Huit Heures d'Elizabeth Arden

CHEZ
POIRET.
ROSINE
PARIS

LE NARCISSE BLEU
Mury
PARIS
FRANCE
FARD VELOUTÉ
CYCLAMEN
CHERAMY
PARIS
HOUBIGANT
PARIS
POUDRE DE TOILETTE
DULCIA
CHERAMY
PARIS
Elizabeth Arden
NEW YORK PARIS LONDRES

DO'S	DON'TS
– Faire le massage finlandais tous les matins et tous les soirs – Faire un gommage une fois par semaine – Utiliser des lingettes autobronzantes – Se frictionner le visage avec une petite serviette blanche – De temps en temps, ne rien appliquer sur sa peau pendant au moins deux jours – S'hydrater derrière les oreilles – Boire de l'eau avant de se coucher	– Faire des injections de Botox juste avant le mariage – Faire un gommage tous les jours – Faire des séances d'UV

LA GORGE ET LES SEINS

Lorsqu'on est jeune, on fait bien souvent l'impasse sur le soin du cou, du décolleté et des seins. Pourtant, c'est une des parties du corps qui vieillit le plus vite. Ne lésinez pas sur l'hydratation !

DO'S	DON'TS
– Pratiquer régulièrement le massage tourniquet: se masser les seins avec la paume de la main dans le sens inverse des aiguilles d'une montre – Utiliser sa crème pour le visage sur la poitrine – Mettre du talc sur ses seins le jour J, surtout si on porte des coques – Ôter son soutien-gorge quatre heures avant le mariage pour éviter les marques	– Se faire poser des prothèses quelques semaines avant son mariage (attention aux cicatrices) – Faire un gommage sur les seins – Dormir avec un soutien-gorge

LES DENTS ET LE SOURIRE

Inutile de dire qu'un beau sourire est le début du bonheur. Et que des dents saines illumineront toujours un visage.

DO'S

- Aller chez l'orthodontiste
- Faire un blanchiment doux
- Se brosser les dents et les gencives le matin et après chaque repas
- Utiliser du fil dentaire
- Faire une rééducation de la langue
- Prendre soin de sa langue en utilisant un gratte-langue tous les matins

DON'TS

- Se faire poser des facettes
- Faire un blanchiment optique, cela abîme l'émail

LES ONGLES

La Parisienne est attentive à ses ongles et a une approche minimaliste et simple. Ils seront toujours bien faits, bien limés et plutôt courts.

Le jour du mariage, ses ongles seront unis, transparents et presque couleur de rose. Oubliez les ongles très longs, le *nail painting* et les diamants. Il est préférable de se contenter de quelque chose de très simple.

Ma grand-mère m'a donné un conseil que je trouve très juste. Il n'y a pas de forme d'ongle universelle, il faut trouver celle qui va le mieux avec sa main. Cela doit être harmonieux. Un ongle carré ou rond peut convenir à une main et pas à une autre. La mode ne devrait pas intervenir là-dedans. Pour trouver cette forme, il faut se limer les ongles lorsqu'ils sont vernis – idéalement avec une couleur foncée, afin de ne pas se laisser influencer par la forme de la peau qui se trouve sous les ongles.

De manière générale, les ongles des mains et des pieds doivent être vernis et assortis (ou de teintes semblables). Tout le corps doit avoir une unité, rien ne doit arrêter l'œil sur d'autres lignes que celles que l'on a décidé de mettre en valeur.

Il faut aussi prendre soin de ses pieds et de ses chevilles. C'est une partie du corps très sensuelle. Séchez bien vos pieds en les frictionnant en sortant de la douche, et ne négligez aucune zone, y compris les orteils. Vous pouvez aussi vous enduire les pieds de crème riche ou de beurre de karité et dormir avec des chaussettes. Vous aurez des pieds de bébé le lendemain matin. N'hésitez pas à le faire quelques jours avant le mariage, surtout si vous comptez porter des chaussures ouvertes. On ne parle pas d'élégance « jusqu'au bout des ongles » pour rien !

Je recommande de faire la manucure et la pédicure deux ou trois jours avant le jour J, mais la pose du vernis doit être faite le jour même pour être impeccable. On peut choisir un pêche très léger, voire du corail, du rosé ou du blanc ballerine : l'idée est que cela reste discret. Voilà l'ongle « *statement* » d'une mariée parisienne !

LA POSE DU VERNIS

– Frottez doucement vos ongles
– Enduisez-les d'une crème riche
– Essuyez-les avec un coton imbibé d'eau très chaude afin de ramollir les cuticules
– Repoussez les cuticules à l'aide d'un petit outil
– Appliquez systématiquement une base
– Appliquez une première couche de vernis en commençant par le centre
– Attendez un peu, puis posez une deuxième couche de vernis
– Finissez avec une couche de *speed setter*

PROTÉGER SES MAINS

– Mettez de la crème plusieurs fois par jour
– Utilisez des gants de vaisselle pour accomplir toutes les tâches ménagères
– Mettez des gants l'hiver pour protéger vos mains des gerçures

TROUVER LA BONNE COULEUR DE VERNIS

Comme pour les lèvres, il existe une teinte naturellement adaptée à vos ongles en fonction de votre couleur de peau. Un même coloris peut être exquis sur une femme et fade sur une autre. Vous devez comprendre si votre peau contient plus de jaune, d'orangé, de rouge…

En boutique, posez le flacon de vernis à l'intérieur de votre poignet, cela vous évitera d'être perturbée par les plis de vos phalanges et éventuellement par une peau échaudée ou rougie par le froid.

Maggy Rouff, une créatrice de mode très célèbre dans les années 1910, a écrit un petit manuel de beauté, La Philosophie de l'élégance, *que je possède depuis longtemps. Elle conservait dans un petit pot des cendres de cheminée avec lesquelles elle frottait ses ongles pour enlever les stries et les taches qui peuvent apparaître avec l'âge. Je l'ai fait quelques fois et effectivement, c'est vraiment incroyable. Cela éclaircit aussi les cuticules.*

DO'S

- Limer ses ongles pour leur donner une jolie forme, les garder courts et bien taillés
- Utiliser un vernis naturel, légèrement rosé
- Repousser ses cuticules à l'aide d'un petit outil ou d'un gel
- De temps en temps, ne rien mettre sur ses ongles pendant quelques jours, comme pour la peau
- Mettre de la crème UV sur ses mains pour prévenir l'apparition de taches

DON'TS

- Se faire poser de longs faux ongles
- Faire une french manucure
- Se couper les cuticules

Lily Allen

Lily Allen a été l'une de mes mariées les plus marquantes. C'était la petite chérie de l'Angleterre. Elle représentait à elle seule un nouveau style rock et rebelle, et les gens l'adoraient. Elle était assez excentrique et démonstrative, mais le jour de son mariage, elle voulait à tout prix être une mariée « normale », faire partie de la grande famille des mariées.

Quand elle est venue dans ma boutique, elle a adoré observer les prénoms et les croquis sur les housses prêtes à être expédiées : elle avait hâte d'être « l'une d'entre elles ».

Elle tenait au côté traditionnel du mariage et voulait surtout se marier à la française. Elle m'a donné carte blanche. J'ai fait un croquis qui lui a tout de suite plu. Je lui avais dessiné une robe en dentelle de Calais et choisi un voile des années 1920. Je ne le savais pas à l'époque, mais beaucoup de célébrités font réaliser plusieurs robes de mariée. Lily avait donc une autre robe créée par Karl Lagerfeld chez Chanel, mais elle a choisi de porter la mienne. Aujourd'hui encore, j'en suis extrêmement fière, d'autant que j'admirais énormément ce grand couturier.

Comme pour Riley Keough Presley, l'impact médiatique de ce mariage a été décuplé par les couvertures des magazines et a participé au rayonnement de mon entreprise.

Par ailleurs, je crois avoir aidé Lily à devenir la mariée qu'elle souhaitait être. J'ai un autre secret : toutes mes mariées tombent enceintes. Je fais des robes de mariée, mais aussi des bébés ! Les préparatifs ont duré presque un an. Lily avait fait plusieurs fausses couches, c'était vraiment difficile pour elle. Lors d'un essayage, j'ai posé mes mains sur elle, puis je lui ai confié que je cousais un petit bouton bleu dans mes robes et que toutes mes mariées tombaient enceintes. Évidemment, c'est ce qui s'est produit ! Elle en était à quatre ou cinq mois de grossesse quand elle s'est mariée. On a dû ajuster un peu la robe, mais j'ai l'habitude !

IV

L'ORGANISATION DU JOUR J

La mariée organisée : planifier le jour J

VOUS AVEZ LONGUEMENT imaginé votre mariage idéal. Désormais, vous avez hâte de matérialiser vos rêves. La bonne nouvelle, c'est que préparation ne rime pas forcément avec panique et insomnies. Certes, commander des petits fours ou élaborer un plan de table ne vous semble peut-être pas particulièrement excitant... Mais grâce à une bonne dose d'anticipation, les mois qui précèdent le mariage peuvent se révéler très stimulants et vous dévoiler des aspects de vous-même que vous ne soupçonniez pas.

À moins de pouvoir compter sur une équipe d'assistants dévoués, ne vous lancez pas dans une foule de choses inédites. Organiser une journée qui vous ressemble ne signifie pas que vous deviez réinventer le concept même de mariage. Si certaines traditions se sont perpétuées au fil des siècles, c'est aussi parce qu'elles ont permis à des générations de mariés de donner un tempo à leur cérémonie. Reprenez les rituels qui vous parlent et adaptez-les à votre propre histoire.

Comme dans beaucoup d'autres domaines, la communication est la clé. Exposez précisément vos projets à vos prestataires ainsi qu'aux autres personnes qui vous accompagnent, mais restez ouverte aux suggestions. Soyez aussi honnête avec vous-même. Si vous ne disposez pas d'assez de temps et d'argent pour organiser un mariage identique à celui de vos rêves d'enfant, vous devrez certainement faire quelques compromis. Cela ne vous empêchera pas de vivre un jour magique ! L'important est de vous concentrer sur la direction que vous avez choisie.

WEDDING PLANNER OR NOT WEDDING PLANNER?
L'organisation d'un mariage est très consommatrice de temps et d'énergie. Trouver une personne qui en sera le chef d'orchestre peut donc s'avérer précieux. Le wedding planner pourra gérer les mille petits incidents qui surviennent lors de tout mariage et dont vous n'aurez pas le temps de vous occuper. Encore une fois, tout dépend de votre budget, de votre âge, de vos envies. Faites comme bon vous semble, mais si vous pouvez vous faire aider, accueillez ce luxe à bras ouverts.

Le wedding planner fait un métier difficile, il est important de le respecter. N'oubliez pas que c'est une personne, pas un assistant vocal, on ne peut pas l'appeler au milieu de la nuit. Organiser des mariages, c'est un travail, un art, un savoir-faire !

Le wedding planner se rémunère généralement en fonction du budget du mariage. Il demandera soit un pourcentage qui s'élèvera entre 5 et 15 % du budget total (ce qui est très peu, au vu du travail et des exigences qui pèsent sur ses épaules), soit un montant fixe décidé à l'avance.
Il faut absolument que le courant passe entre vous et votre wedding planner. Avant de faire un choix, discutez de vive voix avec les différentes personnes que vous avez repérées et assurez-vous qu'elles comprennent votre projet. Profitez-en pour en savoir plus sur les services qu'elles proposent, leurs tarifs, leur manière de travailler, et demandez-leur de vous raconter un mariage qu'elles ont organisé.

Les invitations et les remerciements

Il est d'usage d'envoyer un «*save the date*» entre huit et six mois avant le mariage pour que les invités bloquent la date. Il peut prendre la forme d'un texto ou d'un petit mot manuscrit.

Quant aux faire-part, ils doivent être envoyés par la poste entre dix et huit semaines avant le mariage. Le faire-part donne le ton du mariage (formel, traditionnel, ou plus bohème et décontracté). Dans tous les cas, soignez sa présentation. Pensez à donner des indications sur la tenue des invités: *black tie*, robe longue... Précisez également s'il est recommandé de se changer entre la journée et la soirée. Le faire-part détaille enfin les possibilités de transport et d'hébergement sur place. Toutes ces informations accompagnent les invités et leur évitent de se poser trop de questions.

N'oubliez pas de prévoir plusieurs faire-part différents si vous souhaitez que certains invités ne soient présents qu'à certains moments de la journée (cérémonie laïque, vin d'honneur...).

MON CONSEIL

Envoyez un faire-part soigné et si possible calligraphié. C'est très élégant! Et n'hésitez pas à donner le plus de détails possible. J'ai remarqué que les invités apprécient d'être guidés le temps d'un week-end.

Dans cet élan épistolaire, pensez aux petits mots de remerciement, qui devront être envoyés durant le mois suivant le mariage. Autrefois, ils étaient souvent accompagnés d'une photo des mariés. Je trouve cette tradition un peu désuète, on peut s'en tenir à quelques mots personnalisés calligraphiés sur un joli papier et une enveloppe assortie qui rappellent le thème du mariage.

Pour les faire-part, le budget à prévoir dépendra de la qualité du papier et du mode de fabrication que vous choisirez, mais aussi de votre créativité et de la quantité d'énergie que vous serez en mesure de fournir. Si vous faites appel à un imprimeur, demandez-lui un devis et assurez-vous que ce qu'il propose correspond à vos envies. Les prix s'échelonnent généralement entre 2 et 8 euros par unité. Si vous préférez faire les choses vous-même, n'oubliez pas que cela demande du temps et que vous devrez trouver le matériel approprié.

Les cadeaux pour les invités

OFFRIR des petits cadeaux à ses invités est une attention très délicate, un signe d'amour et d'engagement. Encore faut-il bien les choisir. Dans la tradition française, c'est la mariée qui se charge des cadeaux. Ils doivent donc lui ressembler. Je vous conseille d'imaginer le cadeau que vous aimeriez recevoir. Oubliez les corbeilles remplies de dragées ou les petits coussins brodés, cela ne se fait plus du tout. Le cadeau idéal est un objet que les invités pourront facilement emporter avec eux. Lors d'un mariage, les femmes portent souvent des minaudières ou des tout petits sacs, il n'est pas évident d'y caser une bougie ou un cactus en pot... Préférez-leur quelque chose d'assez petit.

CARNET DE BAL

On peut y écrire

la playlist du mariage
les noms des gens avec lesquels on choisit de danser

Choisir un cadeau que les invités pourront utiliser le jour du mariage est une très bonne idée. Par exemple, si le mariage a lieu au bord de la mer, on peut disposer à l'entrée du lieu de réception un grand panier contenant des tongs et des foutas. Les invités pourront directement s'en servir, et si les femmes ont mal aux pieds, elles vous seront très reconnaissantes. On peut aussi faire un mur de chapeaux de paille pour que les gens se protègent du soleil. S'il fait plus frais, les invités seront heureux de pouvoir s'enrouler dans des châles ou des plaids pendant la nuit.

Le jour du mariage, les invités adorent sentir qu'ils font partie d'un tout. Prévoir un cadeau est aussi une occasion de les rassembler. Pour les plus petits budgets, il peut simplement s'agir d'un lien de cuir ou d'un ruban de soie posé près de l'assiette, ou encore d'un petit carnet de bal où les invités pourront noter les noms des personnes avec qui ils danseront pendant la soirée. On offre parfois des bouteilles de liqueur ou d'huile d'olive ou des petits pots de sel, mais ils sont un peu embêtants à emporter avec soi et sont souvent oubliés sur la table. Les mariés se retrouvent avec cent bouteilles de limoncello dont ils ne savent pas quoi faire. Sinon, les petites trousses pour les femmes ou les boîtes de pastilles à la menthe ne sont pas onéreuses et peuvent s'avérer très utiles tout au long de la soirée.

La liste de mariage

MÊME SI vous n'attendez pas de vos invités qu'ils vous couvrent de cadeaux, vous pouvez être certaine qu'ils vont vous demander ce qui vous ferait plaisir ou vous apporter quelque chose. Et dans ce cas, gare aux services trente pièces et autres objets encombrants dont vous ne saurez que faire !

Si vous voulez éviter cela, il est préférable d'anticiper la question des cadeaux. Constituer une liste de mariage est un moment très plaisant. Avant de penser bijoux ou montres de luxe, demandez-vous de quoi vous et votre partenaire avez réellement besoin. Proposez différentes gammes de coûts. Votre cousine étudiante sera sûrement heureuse de pouvoir vous offrir un petit quelque chose malgré ses moyens limités. Si vous avez un objet très cher en ligne de mire ou si vous voulez faire un don à une association qui vous tient à cœur, vous pouvez tout à fait créer une cagnotte. Introduire le voyage de noces à la liste de mariage peut aussi être une très bonne idée. Cela vous dispensera de recevoir quinze essoreuses à salade et trois beurriers.

Il existe beaucoup de sites internet qui permettent de faire sa liste de mariage en ligne. Vous pourrez ensuite transmettre le lien aux personnes qui vous le demanderont, c'est beaucoup plus élégant que de l'imprimer directement sur le faire-part.

Réserver le lieu

UNE FOIS que vous aurez défini le thème ou l'ambiance de votre mariage, ne tardez pas à contacter et à visiter différents lieux qui pourraient vous correspondre. Certains châteaux sont très appréciés par les futurs mariés et ne désemplissent quasiment jamais. Si vous pensez que les lieux que vous avez repérés sont particulièrement prisés, contactez leurs gestionnaires au moins un an à l'avance (et encore, dans certains cas, cela ne suffit pas !). Si vous voulez privatiser un lieu atypique, renseignez-vous sur les conditions à respecter. Les musées parisiens, par exemple, sont des bâtiments exceptionnels qui conservent des œuvres d'art. Il faut donc suivre un certain nombre de règles pour ne pas les abîmer.

Lorsque vous aurez une vision claire des différentes options, classez-les par ordre de préférence et réservez le lieu de réception qui arrive en tête de liste. S'il n'est pas disponible, passez sans attendre au lieu suivant.

Il est possible qu'un endroit pour lequel vous avez eu un véritable coup de foudre vous échappe. Faites contre mauvaise fortune bon cœur. Vous allez apprendre à aimer le lieu sur lequel vous vous êtes repliée : de très belles choses peuvent naître d'une malchance apparente.

La connexion qu'on ressent avec un lieu lorsqu'on le visite est très importante, il ne faut pas la négliger. Mais avant de vous précipiter sur votre coup de cœur, prenez le temps de vous poser quelques questions :

- Ce lieu est-il adapté au nombre d'invités ? Il ne faudrait pas que les gens soient serrés les uns contre les autres, ou, au contraire, que les pièces paraissent vides.

- Est-il facilement accessible à tous ? Si les invités viennent en voiture, le parking est-il assez grand ? Y a-t-il des hébergements dans les environs ?
- Peut-on y faire la fête jusqu'au bout de la nuit ? Sinon, est-il possible de continuer la soirée ailleurs ?
- Réserver ce lieu ne va-t-il pas engloutir tout votre budget ?
- S'il pleut, y aura-t-il un endroit pour mettre tout le monde à l'abri ?

Il est aussi primordial d'obtenir des informations précises auprès du gestionnaire du lieu :

- Quelles sont la surface et la disposition des espaces ?
- Mettra-t-il des meubles à disposition (tables, chaises, mobilier de jardin) ? Sinon, peut-on lui en louer ?
- Propose-t-il des chambres sur place ? Si oui, combien, et à quel prix ?
- Y a-t-il des restrictions particulières, en termes d'horaires ou de volume sonore ?
- Connaît-il des prestataires de confiance ?

La décoration

ÉLABORER la décoration d'un mariage, cela revient un peu à peindre un grand tableau. Mettez-vous dans la peau d'une artiste et faites confiance à votre œil.

L'équilibre est l'un des mots d'ordre de la Parisienne. Elle a la faculté de donner l'impression d'avoir créé un chef-d'œuvre comme si de rien n'était, alors qu'elle a longuement réfléchi pour trouver l'harmonie parfaite – ni trop, ni pas assez. Si elle opte pour une décoration qui rappelle Versailles, par exemple, elle ne surchargera pas les pièces de chandeliers dorés ou de motifs fleuris et ne fera pas de clins d'œil appuyés à Marie-Antoinette sur tous les objets, des assiettes au menu. Elle préférera disséminer des indices qui, ajoutés les uns aux autres, produiront une impression générale grandiose.

Réfléchissez à l'ambiance que vous voulez construire, puis ajoutez, enlevez, créez des zones d'ombre et de lumière, jusqu'à ce que vous ayez le sentiment de toucher la perfection. Pour parvenir à l'effet « wow », il est important de soigner les détails et de traquer les fausses notes. Si vous avez choisi une palette de couleurs vives, printanières, n'en recouvrez pas chaque élément, mais faites-en un fil conducteur délicat.

Inspirez-vous du lieu du mariage : n'essayez pas de le masquer, faites plutôt en sorte d'assortir votre décoration avec ce qui se trouve déjà sur place. Lorsque vous connaîtrez précisément la disposition des lieux, créez différents types d'espaces qui s'articuleront naturellement les uns avec les autres : de grandes surfaces dégagées, comme la piste de danse, des coins plus intimes pour discuter…

Ce serait dommage d'acheter des tonnes d'objets de décoration si vous ne les réutilisez pas par la suite. Pour gaspiller moins et faire des économies, vous

pouvez tout à fait chiner des meubles et objets anciens ou en emprunter aux personnes de votre entourage. Mais attention à ne pas trop dépareiller, on bascule facilement dans un côté « brocante ». Tout est dans l'équilibre.
Si votre lieu de réception ne fournit pas de meubles, envisagez d'en louer auprès d'un professionnel. Certes, vous aurez peut-être un peu moins de choix, mais cette solution peut s'avérer économique et vous soulager d'un grand poids. Prévoyez toujours dix chaises de plus que votre nombre d'invités.

La décoration florale doit également rester élégante. J'ai toujours préféré les bouquets naturels aux énormes boules de fleurs dont pas une feuille ne dépasse. Variez les formes et les dispositions. Choisissez des fleurs de saison et essayez de trouver un fleuriste à proximité du lieu de la réception.

Personnellement, j'aime beaucoup les tables carrées, qui sont souvent plus conviviales que les grandes tables rondes, ovales ou en forme de longs rectangles, avec lesquelles on peut se retrouver très éloignés les uns des autres, ce qui limite la conversation.

Faites aussi attention aux décorations centrales, qui peuvent isoler les invités si elles sont trop encombrantes. Préférez les petites bougies et les compositions florales simples, que l'on peut aussi remplacer par des branches d'olivier ou des agrumes.

Vous pouvez déposer le menu sur la table, c'est généralement très apprécié et cela crée un premier moment de partage entre les convives.

Si vous faites appel à un traiteur, vérifiez que sa vaisselle n'est pas affreuse et qu'elle ne jure pas avec la décoration. Sinon, pourquoi ne pas ressortir l'argenterie de votre grand-mère ?

LES CUILLÈRES « OUBLIÉES » MAIS TELLEMENT CHIC

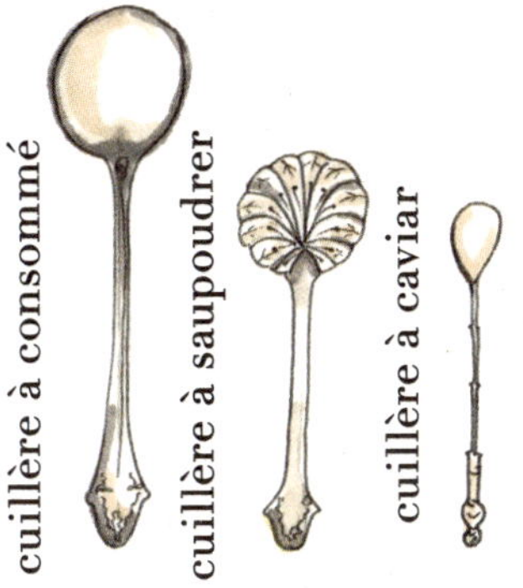

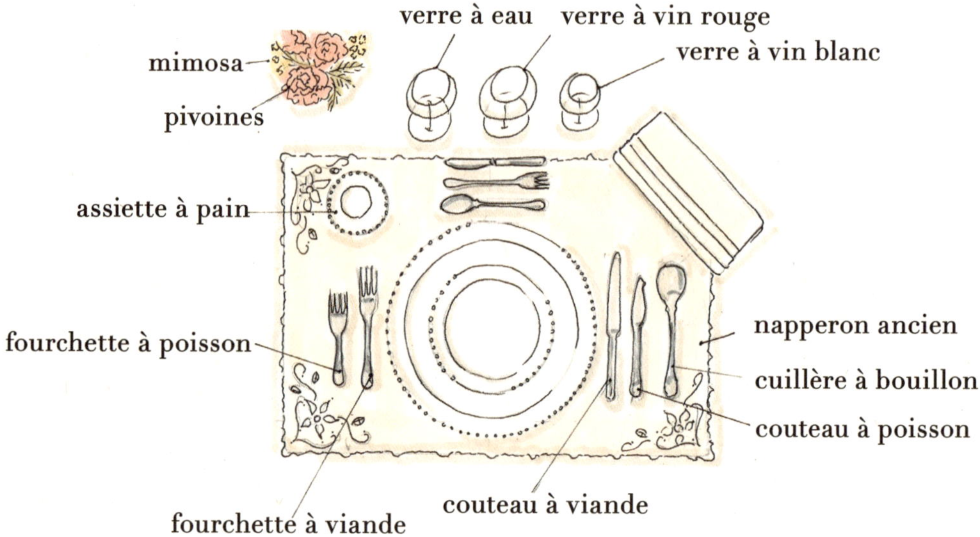

TABLE POUR UN MARIAGE PARISIEN « TRADITIONNEL »

TABLE POUR UN MARIAGE PARISIEN « BOHÈME »

Les photographies

FAUT-IL engager un photographe officiel pour votre mariage ? La réponse est oui, si vous pouvez vous le permettre. Trier les photos que vos amis auront prises avec leurs téléphones sera chronophage et pourrait être une source de déception.

Mais vous n'êtes pas obligée de choisir un photographe spécialisé dans les mariages. Essayez d'éviter les clichés : la photo où les mariés se prennent dans les bras, celle où ils font un cœur avec leurs mains… Vous pouvez tout simplement trouver un bon photographe dont vous appréciez le travail.

Les photographies de mariage sont aussi importantes d'un point de vue historique, car elles racontent le destin des femmes de décennie en décennie. Toutes ont en commun de cristalliser la condition féminine à un moment donné. Il est toujours très intéressant d'observer des photos de mariage anciennes. Par exemple, la photo d'une mariée parisienne des années 1920 dont la robe est un peu ample et dont les chevilles apparaissent témoigne d'un contexte de libération des corps.

MON CONSEIL

J'aime beaucoup l'idée de prendre une photographie unique, artistique, comme autrefois. C'est un pari fou, mais cela en fera une image qui restera. Ce sera celle que vos petits-enfants regarderont. Je ne pense pas qu'ils seront fascinés par une photo du vernis de vos orteils ! Il faudrait essayer de se souvenir de son mariage d'une manière vraiment différente. De le garder présent dans son esprit et son cœur, et non d'accumuler des milliers de photos qu'on ne prendra jamais le temps de regarder. Si vous osez faire ce pari, expliquez à votre photographe que vous ne voulez qu'une photographie de vous avec votre mari, une avec vos parents, une avec votre grand-mère, une avec vos amies. C'est le meilleur moyen de vous fabriquer des souvenirs pour la vie.

Cortège de mariée et petites robes d'enfants.
Création Jeanne Lanvin

Le petit nécessaire du jour J

LA PARISIENNE est prévoyante. Pas question de rater le grand jour à cause de problèmes de désorganisation. Il faut pouvoir profiter de chaque instant ! Je vous conseille donc de préparer un petit nécessaire sur lequel vous pourrez compter le moment venu. Il est très rassurant de l'avoir auprès de soi. Il a aussi une dimension symbolique, car il rappelle l'ancien trousseau de mariée. Occupez-vous-en environ quinze jours à l'avance.

QUE CONTIENT CE PETIT NÉCESSAIRE ?

– Des lingettes détachantes. Une tache est vite arrivée, ces lingettes sont très efficaces et il est toujours rassurant d'en avoir sur soi.
– Un petit nécessaire de couture comprenant des épingles à nourrice, du fil, une aiguille et de tout petits ciseaux. Grâce à lui, vous pourrez parer à tout souci éventuel avec la robe, une bretelle qui se détache par exemple.
– La lingerie de la nuit de noces. On ne sait jamais à quel moment on va la porter. La garder près de soi permet de profiter de la spontanéité du moment.
– Une deuxième paire de chaussures. C'est primordial !
– Un spray rafraîchissant pour les pieds. Une mariée ne s'assied quasiment jamais, même pendant le dîner où elle doit aller de table en table. Se vaporiser les pieds avec ce type de produit pendant la soirée procure un bien-être absolu. Beaucoup de mes mariées me disent que cela leur a sauvé la vie.

– Des pastilles à la menthe. Il est très important que la mariée reste fraîche jusqu'au bout. On oublie parfois de boire à cause du stress, ou le champagne peut donner mauvaise haleine.
– Un déodorant, toujours pour respecter cet objectif trivial mais néanmoins fondamental de fraîcheur. La mariée est sujette à beaucoup d'émotions, elle est toujours en mouvement et il est très probable qu'elle transpire.
– Des mouchoirs. La mariée parisienne est très indépendante, elle gagne sa vie elle-même et ne dépend de personne. Mais elle peut verser quelques larmes pendant la cérémonie.
– Un petit brumisateur de poche pour se rafraîchir juste avant d'appliquer de la poudre matifiante, surtout si on se marie en été.
– Un poudrier contenant une poudre transparente classique, pour éviter de briller si on a chaud ou si on transpire.
– Un bon baume à lèvres qui ne laisse pas de traces pour retoucher sa bouche pendant la journée.
– Un peu de talc pour se poudrer le buste et la taille avant d'enfiler sa robe afin qu'elle ne colle pas et reste bien en place.
– Une très belle chemise blanche ou un beau kimono pour le temps de la préparation. Vous serez sûrement prise en photo, la tenue que porterez à ce moment-là est donc très importante. Et cela vous mettra déjà dans l'ambiance.

lingerie pour la nuit de noces
lingerie invisible pour le jour J
joli peignoir pour la coiffure & le maquillage
lingettes détachantes
talc
chaussures de cérémonie
deuxième paire de chaussures plates
petit nécessaire de couture

Organiser la cérémonie

IL Y A DES MILLIERS de façons de célébrer sa cérémonie de mariage. Ce qui compte vraiment, au fond, c'est l'émotion dont vous l'investirez et la signification que vous lui donnerez. D'ailleurs, si ce n'est qu'une formalité à vos yeux, vous n'êtes pas obligés de centrer votre mariage sur la cérémonie. Mais je trouve qu'il est très précieux de profiter de cet instant hors du temps pour se dire combien on est heureux l'un avec l'autre, se promettre beaucoup d'amour et partager sa joie avec ses proches.

Pour la cérémonie religieuse ou laïque, il est fondamental de définir la durée et les différentes étapes de la célébration avec l'officiant. La réussite de la cérémonie dépend aussi de sa longueur. Il ne faut pas qu'elle soit trop expéditive, mais les invités piqueront sûrement du nez s'ils doivent assister à un sermon de plus d'une heure. Assurez-vous que tous vos convives seront installés confortablement, pourront vous voir et vous entendre.

Si c'est autorisé, apportez quelques éléments de décoration afin d'égayer le lieu de la cérémonie et de faire le lien avec le thème de votre mariage. L'arche, symbole de l'union des époux, est un incontournable de la cérémonie laïque. Il en existe de beaux modèles. Vous pouvez aussi en créer une ou vous servir d'une pergola recouverte de roses qui était déjà sur place. Laissez libre cours à votre imagination !

MON CONSEIL

Écrivez-le en lettres rouges sur votre *to do list*: le matin du jour J, rappelez à la personne qui garde les alliances de ne pas les oublier.

La cérémonie laïque permet de faire participer ses proches. Discours, petits concerts, lecture de poèmes et, bien sûr, vœux des mariés… Les possibilités sont infinies. Mais cette liberté absolue implique aussi de planifier avec soin le déroulement de la cérémonie pour éviter les blancs et les flottements. L'officiant doit retenir l'ordre des interventions et assurer les transitions.

Si vous prévoyez de célébrer la cérémonie en extérieur, pensez à un plan B pour vous mettre à l'abri en cas de mauvais temps.

LE VIN D'HONNEUR

Après la cérémonie, les invités se remettent de leurs émotions et nouent la conversation autour du vin d'honneur. Ce moment représente une pause pendant laquelle les mariés ont un peu de temps pour discuter avec leurs convives avant le dîner. On peut servir un bon champagne ou le cocktail préféré des nouveaux époux. Quelques amuse-bouche seront également les bienvenus.

Les repas

MOMENT DE PARTAGE par excellence, le dîner est aussi le moyen le plus sûr de se créer un ulcère de toute pièce (montée ou pas). À mon sens, la configuration idéale, si le budget le permet, c'est de prévoir un dîner de répétition la veille, un dîner le soir de la cérémonie, un brunch le lendemain et enfin une dernière soirée avec les amis les plus proches.

LE DÎNER DE RÉPÉTITION

C'est un moment qui sert à faire le point avant le mariage. Traditionnellement, il était organisé par une femme importante de la famille du marié, généralement sa mère ou sa tante. Y participaient les témoins, les parents, les amis très proches, tous ceux qui jouaient un rôle particulier dans le mariage. Aujourd'hui, cette tradition tend à se perdre, mais si quelqu'un à la possibilité de s'en occuper, cela peut être une très jolie idée. C'est une fête de bienvenue pendant laquelle une partie des invités se retrouvent et se rencontrent en petit comité.

Ce n'est pas nécessairement un dîner assis, on peut s'en tenir à un apéritif dînatoire. De plus, les invités ne sont pas censés se coucher trop tard pour être frais le lendemain. C'est souvent un moment très apprécié, convivial et joyeux.

LE DÎNER DU JOUR J

Pour le grand jour, il faudra trancher entre un dîner assis et un cocktail dînatoire. Les Parisiens aiment beaucoup se réunir à table et préfèrent en général être assis et placés. Mais cela nécessite de l'organisation et un certain budget pour que ce soit réussi. Il doit y avoir de nombreux serveurs pour que cela ne s'éternise pas. On peut aussi choisir de servir uniquement le plat principal à table. Si le dîner assis est trop long, il peut casser l'ambiance et être ennuyeux pour tout le monde.

L'élaboration du plan de table peut aussi être un véritable casse-tête. Les règles du savoir-vivre à la française veulent qu'on place chaque homme à côté d'une femme, qu'on suive tout un protocole en fonction du statut et de l'âge de chacun… N'en faites pas une affaire d'État. Pensez avant tout aux conversations qui pourront se nouer entre les convives en fonction de leurs relations ou de leurs centres d'intérêt. Le plan se dessinera au fur et à mesure. Et si deux personnes sont brouillées, ne les placez pas à la même table.

Un cocktail dînatoire peut aussi être très réussi. L'idée est d'installer plusieurs buffets qui proposent chacun un seul type de produit : jambon bellota, mozzarella, fruits de mer, fruits, bonbons, mini-burgers, frites, glaces… Il est assez pénible de faire la queue devant un stand. Si vous le pouvez, multipliez-les ! Sélectionnez les produits les plus simples et les moins transformés possibles.

Si vous optez pour un cocktail dînatoire, il est important de prévoir des endroits où les gens pourront s'asseoir et se rassembler, des petits salons où ils viendront avec leur assiette.

Si vous faites appel à un traiteur, demandez-lui un devis détaillé et vérifiez que celui-ci inclut bien toutes les prestations dont vous aurez besoin, sans oublier les boissons, le service et éventuellement la location de la vaisselle. Choisissez un professionnel qui est habitué aux grands événements, et si vous le pouvez, contactez des personnes pour qui il a déjà travaillé afin de savoir si tout s'est bien passé. Goûtez les plats avant de prendre votre décision. Pensez aussi à demander au traiteur de proposer une option végétarienne (qui ne se limite pas à deux feuilles de salade).

La nourriture représente généralement un cinquième du budget total. Les prix varient beaucoup, mais on peut considérer qu'un repas assis classique coûte entre 60 et 120 euros par personne. Le cocktail dînatoire est souvent plus économique.

LE MENU

C'est très personnel, mais pour le menu, je n'apprécie pas beaucoup les verrines à douze couches, la timbale de haricots verts et la pièce de viande qui n'arrive jamais chaude. Il me semble que les mariés devraient choisir quelque chose qu'ils apprécient vraiment et qu'ils ont envie de faire découvrir à leurs invités. Essayez d'être en accord avec la région où vous vous mariez. Renseignez-vous sur les spécialités locales. Et souvenez-vous que vouloir plaire à tout le monde est souvent l'ennemi du bien. Tout le monde aime le poulet, mais ce n'est pas pour autant que l'on sert du poulet grillé à son mariage.

Le point culminant, c'est le gâteau ! Le gâteau à la parisienne chic ne s'élève pas forcément sur différents étages, cela se fait même assez peu. La seule chose qu'on attend de lui, c'est qu'il soit délicieux. En fonction de votre budget, je vous conseille de commander un gâteau signé par un excellent pâtissier. Mais si vous ne pouvez pas vous le permettre, les gâteaux simples taille XL, comme la tropézienne ou la tarte Tatin, fonctionnent aussi à merveille.

Privilégiez les beaux gâteaux généreux. Et bien sûr, souvenez-vous que le gâteau est là pour faire plaisir, c'est le clou de la soirée. Il va lancer la soirée dansante.

L'animation

De manière générale, tirez un trait sur les jeux qui consistent à ridiculiser les invités ou à hurler dans un micro. C'est la meilleure façon de détruire la magie du moment. Quelques discours émouvants, de la musique et beaucoup de danse seront tout à fait suffisants pour passer des instants merveilleux.

S'OCCUPER DES ENFANTS

Si vous choisissez de convier les enfants, prévoyez un animateur qui s'occupera de leur concocter des activités. Idéalement, trouvez aussi deux baby-sitters qui les prendront en charge tout au long de la journée. Pendant la cérémonie, placez-les dans des endroits stratégiques afin qu'ils ou elles puissent se charger des enfants qui pleurent. Pendant la soirée, l'animateur proposera un atelier de fabrication de couronnes de fleurs ou de maquillage, une chasse au trésor, des jeux d'enfants.

Si vous avez la possibilité d'aménager un petit dortoir où les enfants pourront se reposer, c'est formidable. C'est un cadeau que vous faites à vos amis pour qu'ils profitent de la fête.

LA MUSIQUE

La musique est une question très importante. L'accompagnement sonore peut véritablement créer une ambiance particulière. Personnellement, j'adore la musique live, cela change vraiment la donne. Un quatuor dans une église, c'est un moment magique garanti ! On peut aussi demander à quelques musiciens de jouer à la sortie de la cérémonie, en même temps que le vin d'honneur. Accompagner l'apéritif et le dîner d'une musique live douce est aussi très agréable.

Pour la soirée dansante, engager un DJ peut être risqué. Il est conseillé de le choisir avec le plus grand soin. Un

DJ ringard peut ruiner un mariage. Si vous voulez couper dans le budget, vous pouvez vous passer de DJ ! Préparez des playlists avec vos amis en amont en réfléchissant aux morceaux qui feront danser tout le monde.

MON CONSEIL

Vous pouvez aussi confier des sets de vingt minutes aux invités. Dites-leur que cela vous ferait plaisir qu'ils choisissent de la musique pour la fête. C'est une manière d'impliquer ses amis et d'avoir de belles surprises.

LA PREMIÈRE DANSE

Vous pouvez choisir une danse qui correspond à votre thème. Si vous vous mariez dans une ambiance Années folles, quelques clins d'œil au charleston seront du plus bel effet. Dans tous les cas, il faut que vous soyez à l'aise, une simple valse peut être magnifique si vous y mettez de l'intention.

LES DISCOURS

Mon seul conseil concernant les discours, c'est de garder le contrôle. Il est préférable de tout planifier pour que ce ne soit jamais bizarre ou embarrassant.

C'est le moment d'être *control freak*. Votre cousin qui parle de votre premier appareil dentaire, votre meilleure amie qui rappelle le nombre de vos amants durant votre première année de fac... Essayez d'éviter les dérapages. Je dirais qu'il est raisonnable de prévoir quatre ou cinq discours au fil de la soirée. Pas plus.

LE LENDEMAIN

Le lendemain, la pression est retombée. Les mariés sont plus détendus et peuvent profiter pleinement. On peut organiser un brunch en fin de matinée et faire une soirée en fin de journée. Encore une fois, c'est une question de budget. Vous pouvez aussi demander une participation à vos amis pour organiser cette dernière fête.

Lorsque je me suis mariée à l'âge de 26 ans, nous avons eu la grande chance de pouvoir privatiser une plage dans le sud de la France pour la soirée du lendemain. Il n'y avait que nos amis proches et cela reste mon meilleur souvenir. Le mariage était génial, mais le lendemain a été l'apothéose. Un moment qui, en un sens, n'appartenait qu'à moi.

Lady Gaga

POUR ÊTRE PRÉCISE, je n'ai pas marié l'icône Lady Gaga, mais elle a porté beaucoup de mes robes, notamment une robe de mariée qu'elle a mise lors d'un événement majeur de sa carrière : l'ouverture des Jeux européens de Bakou.

Lady Gaga a toujours eu un style fort et engagé, pour ne pas dire excentrique ou décadent. La première fois qu'elle m'a contactée, je ne voyais pas en quoi mon univers pouvait se rapprocher du sien. Et puis j'ai compris. Il y a aussi en elle une extrême délicatesse et un romantisme presque enfantin. Je crois qu'elle aime mes robes pour ce qu'elles racontent, peu importe si ce sont des robes de mariée ou non. C'est ce que j'essaye humblement de faire : créer des robes qui comptent pour des moments qui comptent.

Je dois avouer que mon cœur s'est mis à battre à mille à l'heure lorsque je l'ai vue traverser l'immense stade, majestueuse, drapée dans ma robe de mariée en mousseline de soie blanche, pieds nus. Puis elle s'est assise derrière un piano recouvert de fleurs pour interpréter la célèbre chanson « Imagine » de John Lennon.

C'est l'un des souvenirs les plus forts et les plus intenses de ma carrière. Je n'aurais jamais pu imaginer un si beau tableau, et j'en faisais un petit peu partie. Lady Gaga est probablement la seule qui ne m'ait jamais demandé la moindre retouche ou la moindre modification, et cette délicatesse m'a toujours beaucoup touchée. Lors de cet événement, par exemple, j'avais prévu qu'elle porte des talons avec la robe, mais elle a finalement décidé d'être pieds nus et ne m'a rien demandé de plus. Quand on regarde la vidéo, on peut voir que la robe est trop longue, mais elle retient la traîne dans sa main et c'est encore plus magique.

J'ai eu la merveilleuse impression que cette immense artiste comprenait mes robes dans leurs moindres détails et les respectait comme des personnes. Lady Gaga m'a toujours fait cette confiance et ce cadeau.

V

L'APRÈS

Le voyage de noces

LE VOYAGE DE NOCES est souvent le plus beau voyage qu'on fait dans une vie. Le mieux est de le planifier en même temps que le mariage. Si vous reportez le départ, il y a de fortes chances pour que vous ne le fassiez jamais.

Après la magie du mariage, il se peut que vous traversiez un *wedding blues*. Vous allez recevoir énormément d'amour et la descente peut être un peu raide. Alors retrouvez votre mari ou votre femme et savourez ! Si c'est possible, partez au moins une semaine ou dix jours et faites quelque chose d'inhabituel qui vous plaît à tous les deux. La *buddy moon*, une nouvelle tendance qui vient d'Afrique du Sud, est une alternative sympathique. L'idée est de partir avec quelques amis, sur une île par exemple, pour faire la fête.

Dans tous les cas, il me semble important de marquer le coup et de trouver la configuration qui vous convient le mieux. Vous n'êtes pas obligés de partir à Bora-Bora pendant deux mois, l'essentiel est de partager un moment fort et privilégié avec votre moitié.

Préparer son trousseau de voyage de noces avant le mariage est également un moment très joyeux. Quels maillots de bain emporter ? Faut-il prendre des paréos, des jolies robes ? Se projeter permet de garder un objectif après le mariage. Lorsqu'on a le voyage de noces en vue, on sait que la fête ne s'arrête pas à la fin du jour J. Je vous recommande de tout préparer deux semaines avant le grand jour pour avoir l'esprit tranquille et ne rien oublier.

MON CONSEIL

La liste de mariage est l'occasion de vous faire offrir une jolie bagagerie que vous garderez toute votre vie.

QUE METTRE DANS SON TROUSSEAU DE VOYAGE DE NOCES POUR SEPT OU DIX JOURS AU SOLEIL ?

- Deux tenues par jour : une tenue de journée et une tenue de soirée
- Des maillots de bain
- Des paréos
- Des robes de plage
- Des robes *sundown*
- Une paire de nu-pieds en cuir naturel qui va avec tout
- Une paire de tongs
- Une paire de jolis souliers à talons
- Une petite pochette ou un petit sac pour le soir
- Une pochette pour la plage

C'est maintenant que débute le vrai voyage, celui de la vie en couple, de la conjugalité, de la famille. Quelle forme allez-vous donner à votre amour ? Comment faire en sorte qu'il dure le plus longtemps possible, et peut-être même pour toujours ?

Le reste de votre vie

COMMENT FAIRE EN SORTE que le couple fonctionne, que l'amour dure ? Existe-t-il des recettes ?

Je ne suis pas une spécialiste, mais au cours de ma vie et grâce à mon travail, j'ai pu observer des milliers de couples, échanger avec eux et être témoin de dynamiques qui me semblent fonctionner pour constituer une ossature solide, voire indestructible. Certains couples paraissent même avoir trouvé une harmonie parfaite. J'ai identifié quatre archétypes de longévité, mais il en existe évidemment beaucoup d'autres.

MICHAEL ET DIANE
L'ADMIRATION ET LE RESPECT

Ils ont respectivement 80 et 78 ans et partagent leur vie entre l'Angleterre et l'Afrique du Sud.

Chaque jour, sans exception, il lui dit qu'il l'aime. Ils se flattent sans arrêt l'un l'autre : « tu es beau », « tu es belle », « tu es talentueuse », etc. Ils se retrouvent pour accomplir une infinité de petits rituels. Le soir, ils boivent ensemble un verre de vin blanc. Le matin, il part se baigner tandis qu'elle écrit à son bureau (elle est autrice de livres pour enfants), et lorsqu'il revient, c'est comme s'ils ne s'étaient pas vus pendant des jours. Je suis persuadée qu'elle est devenue une plus grande artiste parce qu'il la rassure. Quant à lui, c'est un homme comblé parce qu'elle le surprend. D'ailleurs, je n'ai jamais observé la moindre moquerie ni le moindre sarcasme entre eux. Jamais, sous aucun prétexte. Il est vrai qu'on peut tous avoir tendance à se lancer de petites piques, surtout en société. Entre eux, au contraire, il n'y a que de la bienveillance, aussi bien dans les gestes que dans les regards.

Chaque jour, ils grandissent main dans la main. Chacun a sa singularité. Les gens parlent d'eux en disant « Mike et Diane », mais au fond, il y a bien une Diane et un Michael. Ils sont très forts individuellement. On peut entrer en relation avec elle ou avec lui, mais jamais vraiment avec leur couple.

C'est peut-être l'un des secrets : savoir montrer son amour à l'autre tout en préservant son couple de l'extérieur, le faire grandir de manière autonome et privée, presque en secret, sans jamais faire usage d'ironie ou de sarcasme.

MARIE-CHRISTINE ET ALAIN
DES RYTHMES SIMILAIRES

C'est un couple que j'ai la chance d'observer très souvent, puisqu'il s'agit de ma mère et de son « compagnon » (comme elle aime à l'appeler). Ils vivent dans le sud de la France et ont décidé de ne pas habiter ensemble.

Ils se sont rencontrés assez tardivement, à 71 ans. Ils avaient eu des vies sentimentales accidentées, mais ils étaient prêts à aimer à ce moment-là et ont décidé de se laisser surprendre.

Ce sont deux êtres très indépendants, et pourtant, dès les premiers jours, ils ont été totalement fusionnels. Ce qui les lie, c'est un rythme similaire et une immense curiosité. Ils se voient le week-end et partent en vacances tous les deux.

Ils ont envie des mêmes choses au même moment. Si l'un des deux a une baisse de régime dans son appétit du monde, l'autre le rattrape. Le danger, pour les couples, c'est de se laisser mourir dans la routine : sortir quand il fait beau, rester chez soi quand il fait froid. Eux, à l'inverse, sont très actifs, on peut même dire qu'ils ne tiennent pas en place.

Ils sont curieux de tout et restent toujours en quête de nouveaux centres d'intérêt, de culture, de voyages. Ils découvrent des choses ensemble et cela les nourrit. Comme ils n'habitent pas ensemble, ils se manquent et sont impatients de se retrouver. Ma mère me dit souvent qu'elle est débordée, qu'il y a tant de livres à lire, de villages à visiter et de films à voir. Cette soif de découvrir et d'apprendre maintient l'esprit et le corps très jeunes. Ma maman est aujourd'hui exceptionnellement bien conservée, alors qu'elle n'a jamais acheté une crème à plus de dix euros. Elle est profondément connectée avec elle-même, avec la nature, et à présent avec l'homme de sa vie. Et puis, je ne désespère pas de les marier un jour !

C'est peut-être l'un des secrets : ne pas vivre ensemble, créer le manque et être impatients de se retrouver pour garder intacte la joie de découvrir chaque jour de nouvelles choses à deux.

VICTOIRE ET CHARLES UN SOCLE DE VALEURS COMMUNES

C'est LE couple de ma génération. Victoire et Charles sont mes plus vieux amis. Ils sont ensemble depuis qu'ils ont seize ans. Ils s'aiment passionnément depuis trente ans. Qu'ont-ils en commun ? Ils partagent les mêmes valeurs familiales. Si l'une de leurs mères est malade, elle s'installe à la maison, la question ne se pose pas, ni pour l'un, ni pour l'autre. Cela fait partie de leur contrat d'amour et c'est extrêmement précieux. Leurs parents et leurs enfants sont au centre de tout, c'est le socle de leur couple.

Ils partagent leur quotidien et ont tout le temps de nouveaux projets. Ils ont réussi à créer un environnement si stable qu'il leur permet de s'épanouir individuellement, mais également d'aider beaucoup de gens autour d'eux. Ils échappent au sentiment de solitude qui peut tous nous assaillir. Ils sont indestructibles parce qu'ils sont deux. Ils sont comme une boussole du couple.

Par ailleurs, ils ne laissent jamais les problèmes s'installer, ils en parlent tout de suite. Ils restent dans l'action et trouvent toujours des solutions rapidement. Victoire m'a dit un jour: « Quand on se marie, il ne faut pas que ce soit un combat, il faut pouvoir se dire qu'on va avancer tranquillement dans la vie. »

C'est peut-être l'un des secrets : partager dès le départ les mêmes valeurs et les mêmes projets, être en phase, vouloir vivre la même vie et ne jamais laisser les petits problèmes s'enkyster.

SERENA ET JAMIE
L'AMUSEMENT ET L'ENVIRONNEMENT

C'est un couple d'amis finlandais que j'ai pu observer à la fois dans leur intimité et en société.

Elle est artiste peintre et lui photographe. Chacun d'eux a un univers tout à fait singulier et inspirant. Ce qui m'a toujours frappée, c'est qu'ils partagent un goût presque enfantin pour l'amusement. Ils changent de vêtements plusieurs fois par jour. Ils se déguisent, en quelque sorte, et c'est très gai.

Dans leur *mökki* traditionnel, une maison cabane dans les bois où tout est intimement connecté à la nature, Serena passe de longs moments à rendre son intérieur douillet en pratiquant le *hygge*, un art qui consiste à placer des objets, des bougies ou des fleurs cueillies dans le jardin chez soi, mais jamais de manière définitive. Elle change de décor plusieurs fois par semaine. Rien n'est figé. Elle modifie ses installations en fonction de la lumière ou des saisons, voire des personnes qu'elle reçoit chez elle.

Jamie, de son côté, peut changer de chapeau plusieurs fois par jour et s'habiller de manière très originale pour aller chercher des champignons, à la manière d'un enfant qui porterait un chapeau de corsaire pour livrer une bataille imaginaire.

Au fond, je crois qu'ils ne se sont jamais habitués l'un à l'autre, dans le sens où ils n'ont jamais laissé s'installer l'accoutumance qui aveugle. Ils se surprennent constamment grâce à cette idée de métamorphose et à la ligne esthétique qui leur est propre.

C'est peut-être l'un des secrets: continuer à mettre des fleurs sur la table, à porter des chapeaux, et se demander chaque jour: «À quoi on pourrait jouer?»

VIEILLIR AVEC GRÂCE

Choisir de se marier avec quelqu'un, c'est aussi choisir de vieillir auprès de lui.

Vieillir en continuant à s'aimer, à aimer son corps et à le faire aimer malgré les années qui passent a toujours été un grand sujet de préoccupation pour moi. Je trouve cela un peu terrifiant. Je n'ai pas encore toutes les réponses à mes questions et je continue d'interroger mon entourage à ce sujet, mais il me semble que la douceur, la bienveillance avec soi-même et avec les autres est l'un des chemins qui permettent d'arriver à l'acceptation. Il faudrait arrêter de

se juger. Avec les années, je me suis rendu compte que ce n'est pas le regard des autres qui est le plus dur à supporter, mais celui que l'on porte sur soi-même. C'est le plus violent. Commencer à se regarder différemment, avec tendresse et douceur, c'est déjà un premier pas.

Comment résister à la pression qui nous incite à montrer un visage jeune quand on ne l'est plus ? Je n'ai pas encore expérimenté la médecine ou la chirurgie esthétique, mais grâce à mon métier, j'ai pu observer tout ce qui se fait de plus nouveau et de plus révolutionnaire en la matière, des différentes techniques d'augmentation mammaire ou « fessière » à la liposuccion, en passant par la reconstruction du nez, les injections de Fillers ou de Botox, la pose de fils tenseurs, les dermabrasions…

Aujourd'hui, les techniques de médecine esthétique ont largement évolué. Il me semble que si une femme se sent complexée par quelque chose – même si personne d'autre qu'elle ne le voit –, avoir recours à la chirurgie peut changer sa vie et le regard qu'elle porte sur elle-même.

Mais le plus grand danger, selon moi, c'est l'addiction. J'observe que certaines de mes amies ou de mes mariées ne peuvent plus se passer de cette adrénaline. Au-delà du fait de se sentir belle, c'est la montée de confiance en soi qui est grisante et qui leur fait perdre leur discernement. Dans ce cas, leur entourage ne réussit parfois pas à les ramener à la réalité.

Dans un futur proche, j'imagine que de nouveaux types de professionnels, les « régulateurs de beauté », pourraient apparaître. Ces personnes seraient garantes de la beauté de leurs clients, car elles resteraient lucides et honnêtes avec eux. C'est un peu ce que je fais, à ma façon. Je conseille des mariées de tous âges, et surtout, lorsqu'elles ne savent plus ce qui est beau ou non sur elles, j'essaie de leur dire quand c'est trop, quand il ne faut plus rien toucher.

Le véritable défi, dans les années à venir, ce sera de vieillir avec grâce. La beauté est un concept éternel. Mais lorsqu'il y a une trop grande confusion entre les âges, on y perd une forme d'élégance.

Quand je lui ai demandé quel était son secret pour être heureuse, ma grand-mère, que j'ai la chance d'avoir encore auprès de moi aujourd'hui, m'a répondu : « Tu sais, ma chérie, je danse dans ma tête. » Elle avait alors 94 ans et même si son corps ne le lui permettait plus, elle continuait de danser. Je garderai toujours ces mots en moi comme un trésor.

Certaines femmes sont pour moi des modèles, des boussoles, même si je sais que je dois écrire mon propre récit. Audrey Hepburn avait une soixantaine d'années lorsqu'elle était ambassadrice de l'UNICEF. Elle était si lumineuse à cette période. Quand on observe des photos d'elle avec des enfants, on sent que sa beauté vient de l'intérieur. Simone Veil, qui s'est battue toute sa vie pour les droits des femmes, reste un modèle d'élégance, de beauté, de retenue et de force pour énormément de Françaises. Ma mère, qui a consacré sa vie aux plus démunis, est plus belle que jamais, et à 75 ans, elle a décidé de découvrir avec son amoureux l'ensemble des villages de France tout en prenant soin de ses amis et de ses petits-enfants.

Savoir vieillir, c'est aussi accepter que chaque âge a sa beauté. Voilà à quoi ressemble la sagesse. L'intelligence, c'est aussi l'intelligence du temps qui passe. Savoir prendre les virages de la vie, choisir sa direction et ne pas faire fausse route – et si l'on fait fausse route, accepter de faire demi-tour, puis retrouver son rythme –, être en accord avec soi-même et avec son âge, avec l'âge de la vie qu'on traverse.

CONCLUSION

Le mariage n'a plus rien de figé ni de bêtement protocolaire. Les codes explosent. Aujourd'hui, on peut se marier de mille et une façons : à 25 ou à 70 ans, dans une église, dans une synagogue, dans un pré ou face à la mer, seulement à la mairie ou en organisant une grande cérémonie, avec une femme, un homme, son meilleur ami, à deux ou à cinq cents, avec de gros ou de tout petits moyens, avec toute sa famille, en conviant uniquement ses témoins ou tous les habitants du village, avec un voile, des fleurs dans les cheveux ou des baskets, en hiver, en été, à la campagne, à la montagne ou à Paris...

Le mariage raconte l'histoire des êtres humains, de leurs doutes, de leurs liens, et même s'il doit évoluer avec le temps ou changer de nom, il me semble essentiel de perpétuer cette tradition de la célébration de l'amour : deux êtres se rencontrent et décident de partager leur vie, de créer un monde nouveau.

J'ai à nouveau envie de me marier. Et je ne sais pas encore quel chemin je vais emprunter. Je vous souhaite de garder votre curiosité et votre créativité intactes et de continuer à vous laisser surprendre. L'essentiel est de célébrer, de saisir le caractère sacré de ce moment et, au passage, d'attraper un petit bout d'éternité.

Mariage

Planning général

APRÈS LES FIANÇAILLES

- Rassemblez des inspirations.
- Si vous en avez envie, organisez une fête de fiançailles.
- Parlez du budget avec vos proches et faites des estimations.
- Faites un premier jet de la liste d'invités.
- Dressez une liste des lieux qui vous intéressent et contactez leurs propriétaires pour en savoir plus.
- Choisissez une date selon la disponibilité du lieu de réception.

6-8 MOIS AVANT LE JOUR J

- Finalisez la liste des invités.
- Envoyez un «*save the date*».
- Choisissez vos témoins.
- Contactez la mairie (et éventuellement le lieu de culte) où vous souhaitez organiser la cérémonie pour en savoir plus sur les démarches à suivre et les délais.
- Arrêtez votre choix sur un lieu et réservez-le.
- Réfléchissez à des possibilités de transport et d'hébergement pour les invités.
- Imaginez le déroulement du jour J, heure après heure.
- Contactez différents prestataires, expliquez-leur précisément ce que vous recherchez et comparez leurs devis.
- Concevez vos faire-part.
- Choisissez votre robe.

2-5 MOIS AVANT LE JOUR J

– Envoyez vos faire-part.
– Choisissez les tenues des témoins, des bridesmaids et/ou des enfants d'honneur.
– Choisissez les cadeaux que vous offrirez aux invités et commencez à les commander ou à les fabriquer.
– Trouvez vos alliances.
– En fonction du lieu de réception, sélectionnez des meubles et des pièces de décoration et réfléchissez à la manière dont vous les récupérerez et les apporterez sur place.
– Fixez le déroulement de la cérémonie.
– Choisissez vos prestataires et élaborez avec eux le menu du repas, le style des photographies, la disposition des bouquets de fleurs, etc.
– Prévoyez des animations pour la soirée.
– Pensez à des plans B.
– Occupez-vous de l'administratif.
– Élaborez votre liste de mariage.

LES DERNIÈRES SEMAINES AVANT LE JOUR J

– Enterrez votre vie de jeune fille.
– Écrivez vos vœux.
– Répétez la première danse.
– Si des enfants sont invités, trouvez une baby-sitter de confiance.
– Vérifiez que vos prestataires ont toutes les informations nécessaires et se souviennent de la date.
– Réglez les questions restées en suspens.
– Commandez le gâteau.
– Commandez votre bouquet.

– Faites une liste de choses que vos témoins ne devront pas oublier.
– Faites les dernières retouches sur votre robe.
– Installez les fleurs et la décoration dans le lieu de réception lorsque vous y aurez accès.
– Détendez-vous et chouchoutez-vous.

LE JOUR J

– Profitez-en le plus possible !

REMERCIEMENTS
Je tiens à remercier Sophie de Closets pour sa confiance et son amitié, Anne Akrich pour sa drôlerie et pour la justesse de ses mots dans l'écriture de ce recueil, et Elsa Huisman d'avoir toujours cru en moi et pour son amitié si précieuse.

Direction éditoriale :
JULIE ROUART
Coordination éditoriale,
préparation de copie :
YAËL RUSÉ
Conception graphique et mise en pages :
SARAH MARTINON
Fabrication :
ÉLODIE CONJAT et CORINNE TROVARELLI
Photogravure :
LES ARTISANS DU REGARD

Achevé d'imprimer en septembre 2024
sur les presses de Graphius, Belgique.